Post Merger Integration
beim Unternehmenskauf

Europäische Hochschulschriften
European University Studies
Publications Universitaires Européennes

Reihe II	**Rechtswissenschaft**
Series II	Law
Série II	Droit

Band/Volume **5761**

Lars Heinrich Osterhues

Post Merger Integration beim Unternehmenskauf

Personelle und kulturelle Integration

Bibliografische Information der Deutschen Nationalbibliothek
Die Deutsche Nationalbibliothek verzeichnet diese Publikation in der Deutschen
Nationalbibliografie; detaillierte bibliografische Daten sind im Internet über
http://dnb.d-nb.de abrufbar.

ISSN 0531-7312
ISBN 978-3-631-66552-7 (Print)
E-ISBN 978-3-653-05894-9 (E-Book)
DOI 10.3726/978-3-653-05894-9

© Peter Lang GmbH
Internationaler Verlag der Wissenschaften
Frankfurt am Main 2015
Alle Rechte vorbehalten.
PL Academic Research ist ein Imprint der Peter Lang GmbH.
Peter Lang – Frankfurt am Main · Bern · Bruxelles · New York · Oxford · Warszawa · Wien

Das Werk einschließlich aller seiner Teile ist urheberrechtlich geschützt.
Jede Verwertung außerhalb der engen Grenzen des Urheberrechtsgesetzes ist
ohne Zustimmung des Verlages unzulässig und strafbar.
Das gilt insbesondere für Vervielfältigungen, Übersetzungen, Mikroverfilmungen
und die Einspeicherung und Verarbeitung in elektronischen Systemen.

Diese Publikation wurde begutachtet.

www.peterlang.com

Danksagung

Ich danke Prof. Dr. Michael Kort, dass er mir die Freiheit einräumte über diesen Bereich zu forschen. Mein Dank gilt auch seiner Unterstützung, die eine Veröffentlichung dieser Arbeit erst möglich machte. Außerdem gilt mein besonderer Dank Luisa Manon Sandforth für Ihre wertvollen Diskussionsbeiträge.

Lars Heinrich Osterhues

Vorwort von Prof. Dr. Michael Kort

Ein Unternehmenskauf, bei dem sich zahlreiche rechts- und wirtschaftswissenschaftliche Fragen stellen, vollzieht sich in verschiedenen Phasen. So geht dem Abschluss des Unternehmenskaufs regelmäßig u. a. die Due Diligence voraus. Diese Vorphase des Unternehmenskaufs sowie die Phase der Durchführung des Unternehmenskaufs sind häufig behandelt worden. Weniger intensiv behandelt ist hingegen die dritte Phase nach Vorbereitung und Durchführung des Unternehmenskaufs, die sogenannte „Post Merger Integration". In dieser Phase stellen sich zahlreiche Fragen zu dem Thema, wie die Zusammenführung von Unternehmen als Folge des Unternehmenskaufs „mit Leben gefüllt" werden kann.

Herr Osterhues beschäftigt sich in seiner Masterarbeit mit allen wichtigen Aspekten der Post Merger Integration, nämlich mit der Bedeutung der Post Merger Integration, mit der bei der Post Merger Integration besonders wichtigen kulturellen Integration, mit der personellen Integration sowie mit der Mitarbeiter Due Diligence.

Bei der kulturellen Integration geht es um Fragen der Zusammenführung möglicherweise divergierender Rechtskulturen der vom Unternehmenskauf betroffenen Unternehmen. Herr Osterhues gelingt es, den Begriff der kulturellen Integration durch Ausdifferenzierung näher zu beschreiben. Hierbei geht es unter anderem um deren umwandlungsrechtliche und betriebsverfassungsrechtliche Aspekte, aber auch um die „Unternehmensphilosophie". Ferner befasst sich Herr Osterhues mit Aspekten der personellen Integration, etwa mit der Thematik der Doppelmandate sowie mit dem Betriebsübergang nach § 613a BGB sowie mit datenschutzrechtlichen Fragen der Mitarbeiter Due Diligence.

Es handelt sich bei der Arbeit von Herrn Osterhues um eine außergewöhnlich erfreuliche Behandlung eines schwierigen und weitläufigen Themas, dem Herr Osterhues Konturen zu geben vermag. Das Werk ist fachübergreifend und nicht nur von theoretisch-dogmatischem Interesse, sondern weist auch einen deutlichen Praxisbezug auf.

Gliederung

Abkürzungsverzeichnis XV

Literaturverzeichnis XIX

A. Einleitung 1

B. Bedeutung der Post Merger Integration 3
   I. Begriffe 3
      1. Unternehmenskauf 3
      2. Post Merger Integration 3
   II. Relevanz kultureller und personeller Aspekte für
      die Post Merger Integration 4

C. Kulturelle Integration 7
   I. Integration der Unternehmensstruktur 8
      1. Entwicklung und Integration einer Unternehmensstruktur 8
        a) Integrationsziel als Einflussfaktor bei der Planung 9
           aa) Erhaltung 9
           bb) Teilweise Integration 10
           cc) Vollständige Integration 10
           dd) Zusammenfassung 12
        b) Entwicklungsprozess der Unternehmensstruktur 12
           aa) Allgemeine Ansätze 12
           bb) Idee der fünf Stufen 12
               (1) Abgrenzung des Unternehmens nach außen 13
               (2) Kontakt mit der Umwelt 13
               (3) Entwicklung von Bereichen und Abteilungen 13
               (4) Integration des Organisationsaufbaus 14

IX

		(5) Interne Organisation der Abteilung............................ 15

- (5) Interne Organisation der Abteilung............................ 15
- (6) Zusammenfassung... 15
- cc) Betrachtungsschwerpunkt Synergien............................. 15
2. Weitere Aspekte zur Integration der Unternehmensstruktur 16
3. Zusammenfassung 17

II. Rechtliche Aspekte bei der Integration von Unternehmensstrukturen 17
  1. Gesellschaftsrechtliche Integration der Unternehmensstruktur... 17
     a) Veränderung der Unternehmensstruktur nach gesellschaftsrechtlichen Prinzipien............................. 17
     b) Unternehmenszusammenschluss nach Gesamtrechtsnachfolgeprinzip des Umwandlungsrechts........ 18
        aa) Verschmelzung... 19
        bb) Spaltung 21
        cc) Vermögensübertragung 22
        dd) Rechtsformwechsel.. 22
  2. Mitbestimmungsrechte bei Unternehmensumstrukturierung....... 23
     a) Mitbestimmung bei Umstrukturierung als Folge der Integration 23
     b) Mitbestimmung bei Umstrukturierung auf Betriebsebene 25
        aa) Mitbestimmung bei Auswirkung auf den gesamten Betrieb 25
           (1) Voraussetzung für eine Mitbestimmung bei Betriebsänderung... 25
           (2) Arten von Betriebsänderungen nach § 111 BetrVG 26
              (a) Stilllegung bzw. Einschränkung gem. § 111 S. 3 Nr. 1 BetrVG 26
              (b) Verlegung gem. § 111 S. 3 Nr. 2 BetrVG........... 27
              (c) Zusammenschluss und Spaltung gem. § 111 S. 3 Nr. 3 BetrVG 27
              (d) Änderungen der Betriebsorganisation gem. § 111 S. 3. Nr. 4 BetrVG 28

              (e)   Einführung neuer Arbeitsmethoden und Fertigungsverfahren gem. § 111 S. 3 Nr. 5 BetrVG 29
          (3)   Folgen durch Interessenausgleich und Sozialplan 29
              (a)   Interessenausgleich................................ 29
              (b)   Interessensausgleich mit Namensliste gem. § 1 Abs. 5 KSchG 30
              (c)   Sozialplan.. 31
      bb)   Mitbestimmung bezüglich einzelner Arbeitnehmer 33
          (1)   Umgruppierung.. 34
          (2)   Versetzung.. 34
          (3)   Mitbestimmung bei Kündigung gem. § 102 BetrVG 35
  III. Integration der Unternehmensphilosophie 36
      1. Ermitteln des Status Quo.. 37
      2. Aufstellung der neuen Unternehmensphilosophie 37
      3. Integration der neuen Philosophie 38
      4. Folgen.. 39
  IV. Rechtliche Aspekte zur Änderung und Anpassung der Unternehmensphilosophie 39
      1. Verhaltenskodex 40
         a)   Einführung eines Verhaltenskodex...................... 41
         b)   Mitbestimmungsrecht bei Einführung von Verhaltenskodizes 42
      2. Zusammenfassung 44
  V. Zwischenfazit.. 45

D. Personelle Integration 47

  I. Führungsebene.. 47
      1. Geschäftsführung der GmbH 48
         a)   Share Deal 48
            aa)   Abberufung der Geschäftsführung 48

			(1)	Abberufung von der Organstellung...... 48

                (2) Kündigung des Anstellungsverhältnisses 49
          bb) Bestellung einer neuen Geschäftsführung 50
     b) Asset Deal.. 50
          aa) GmbH-Fremdgeschäftsführung als
                Arbeitsverhältnis im Sinne von § 613a BGB.................... 51
          bb) Umgang mit GmbH Geschäftsführung
                beim Asset Deal 51
  2. Vorstand der Aktiengesellschaft 52
     a) Share Deal 52
          aa) Abberufung des Vorstands einer Aktiengesellschaft......... 52
                (1) Abberufung von der Organstellung......................... 52
                (2) Kündigung des Anstellungsvertrags 54
          bb) Bestellung des neuen Vorstands.. 54
     b) Asset Deal.. 55
II. Unternehmensfrieden durch Doppelmandate sichern 56
  1. Formen von Doppelmandaten 56
  2. Vor- und Nachteile für die Integration 57
III. Belegschaft 58
  1. Arbeitsrechtliche Integration der Arbeitnehmer
     durch § 613a BGB 59
     a) Voraussetzungen des § 613a BGB....................................... 59
          aa) Übergang eines Betriebs oder Betriebsteils 59
          bb) Betriebsinhaberwechsel 60
          cc) Rechtsgeschäft 61
          dd) Tatsächlicher Übergang mit Betriebsfortführung............ 61
     b) Rechtsfolge des § 613a BGB.. 62
          aa) Übergang der Arbeitsverhältnisse 62
                (1) Arbeitgeberwechsel... 62
                (2) Erfasste Anstellungsverhältnisse 62
                (3) Eintritt in Rechte und Pflichten 63

	bb) Weitergeltung kollektivrechtlicher Vereinbarungen 65
	(1) Transformation 66
	(2) Änderung kollektivrechtlicher Vereinbarungen 66
	cc) Kündigungsverbot wegen Betriebsübergang 67
2.	Widerstände bei Integration 67
	a) Informationspflicht durch Arbeitgeber 68
	b) Widerspruchsrecht durch Arbeitnehmer 68
3.	Mitbestimmung durch den Betriebsrat 69
	a) Mitbestimmungsrecht bei kollektiven personellen Maßnahmen 70
	b) Mitbestimmungsrecht bei der personellen Einzelmaßnahme Kündigung 71
4.	Zulässige Arten des Personalabbaus 71
5.	Weitere Handlungsmöglichkeiten im Rahmen der Integration 73

IV. Zwischenfazit 74

E. Mitarbeiter Due Diligence 77

I. Prinzip der Mitarbeiter Due Diligence 77

1. Gegenstand der Prüfung 79

   a) Due Diligence im Bereich des strukturellen Humankapitals 79

      aa) Umfang der Personalstruktur 80

      bb) Arbeitsrechtliche Regelungen 80

   b) Due Diligence im Bereich des individuellen Humankapital 81

   c) Due Diligence im Bereich des dynamischen Humankapitals 81

II. Rechtliche Hindernisse einer vollständigen Mitarbeiter Due Diligence 82

1. Vertraulichkeitsvereinbarung mit Dritten 82
2. Schutz Personenbezogener Daten durch das Bundesdatenschutzgesetz (BDSG) 83

      a) Übermittlung bei einer Mitarbeiter Due Diligence 83
          aa) Übermittlung von Daten der Belegschaft 84
          bb) Übermittlung von Daten der
               Führungs- und Fachkräfte 85
      b) Zusammenfassung 85
  III. Vor- und Nachteile der Mitarbeiter Due Diligence
     für eine Integration 86

F. Fazit 89

Abkürzungsverzeichnis

a.A.	andere Ansicht
Abs.	Absatz
AG	Aktiengesellschaft
AiB	Arbeitsrecht im Betrieb
AktG	Aktiengesetz
BAG	Bundesarbeitsgericht
BAGE	Sammlung der Entscheidungen des BAG
BB	Betriebsberater
BDSG	Bundesdatenschutzgesetz
BetrVG	Betriebsverfassungsgesetz
BGB	Bürgerliches Gesetzbuch
BGB	Bürgerliches Gesetzbuch
BGH	Bundesgerichtshof
Bsp.	Beispiel
BT-Drucks.	Bundestags Drucksache
bzw.	beziehungsweise
CCZ	Corporate Compliance Zeitschrift
DB	Der Betrieb
DBW	Die Betriebswirtschaft
DrittelbG	Drittelbeteiligungsgesetz
DStR	Deutsche Steuerrecht
e. G.	Eingetragene Genossenschaft
ErfK	Erfurter Kommentar zum Arbeitsrecht
f.	folgend
ff.	folgende
Gem.	gemäß

GewO	Gewerbeordnung
GK	Gemeinschaftskommentar
GmbH	Gesellschaft mit beschränkter Haftung
GmbH	Gesellschaft mit beschränkter Haftung
GmbHG	GmbH-Gesetz
Halbs.	Halbsatz
HGB	Handelsgesetzbuch
Hrsg.	Herausgeber
KG	Kommanditgesellschaft
KGaA	Kommanditgesellschaft auf Aktien
KölnK	Kölner Kommentar
KSchG	Kündigungsschutzgesetz
MitbestG	Mitbestimmungsgesetz
NJOZ	Neue Juristische Online Zeitschrift
NJW	Neue Juristische Wochenschrift
Nr.	Nummer
NZA	Neue Zeitschrift für Arbeitsrecht
OHG	Offene Handelsgesellschaft
RDV	Recht der Datenverarbeitung
Rn.	Randnummer
SEC	Securities Exchange Commission
UmwG	Umwandlungsgesetz
vgl.	vergleiche
VVaG	Versicherungsverein auf Gegenseitigkeit
ZfA	Zeitschrift für Arbeitswissenschaft
ZfB	Zeitschrift für Betriebswirtschaft

ZfO	Zeitschrift für Führung und Organisation
ZHR	Zeitschrift für das gesamte Handels- und Wirtschaftsrecht
ZIP	Zeitschrift für Wirtschaftsrecht
Zit.	Zitiert

Literaturverzeichnis

Anders, Anja	Vorstandsdoppelmandate – Zulässigkeit und Pflichtenkollision, 2006, Baden-Baden.
Ascheid, Reiner *Preis, Ulrich* *Schmitd, Ingrid*	Kündigungsrecht, 4. Auflage, 2012, München (zit.: Ascheid/Preis/Schmidt-*Bearbeiter*).
Bachner, Michael *Lerch, Sascha*	Ethik- und Verhaltensrichtlinien, AiB 2005, S. 229–232.
Baumbach, Adolf *Hueck, Alfred*	GmbHG, Gesetz betreffend die Gesellschaften mit beschränkter Haftung, 20. Auflage, 2013, München (zit.: Baumbach/Hueck-*Bearbeiter*).
Bea, Franz Xaver *Göbel, Elisabeth*	Organisation – Theorie und Gestaltung, 3. Auflage, 2006, Stuttgart.
Bea, Franz Xaver *Friedl, Birgit* *Schweitzer, Marcell*	Allgemeine Betriebswirtschaftslehre, Band 2: Führung, 9. Auflage, 2005, Stuttgart (zit.: Bea/Friedl/Schweitzer-*Bearbeiter*).
Beck, Ralf *Klar, Michael*	Asset Deal versus Share Deal – Eine Gesamtbetrachtung unter expliziter Berücksichtigung des Risikoaspekts, DB 2007, S. 2819–2826.
Beck'sches Steuer- und Bilanzrechtslexikon	Beck'sches Steuer- und Bilanzrechtslexikon, München, 2014 (Zit.: Beck-Lex-*Bearbeiter*).
Behling, Thorsten B.	Das „Opt-In"-Verfahren für den Adresshandel – eine Begutachtung der Auswirkungen auf die Unternehmenstransaktion, RDV 2010, S. 107–114.
Beisel, Wilhelm *Klumpp, Hans-Hermann*	Der Unternehmenskauf, 6. Auflage, 2009, München (Zit.: Beisel/Klumpp-*Bearbeiter*).

Berens, Wolfgang Brauner, Hans U. Strauch, Joachim	Due Diligence bei Unternehmensakquisitionen, 5. Auflage, 2008, Stuttgart (Zit.: Berens/Brauner/Strauch-*Bearbeiter*).
Biehler, Hermann Ortmann, Rolf	Personelle Verbindungen zwischen Unternehmen: Ergebnisse einer Interviewserie bei Vorstands- und Aufsichtsratsmitgliedern großer deutscher Unternehmen, DBW (45) 1985, S. 4–18.
Blöcher, Annette	Cultural Due Diligence – Chance und Herausforderung für das Management von M&A-Transaktionen, M&A Review 5/2008, S. 234–240.
Borgmann, Bernd	Ethikrichtlinien und Arbeitsrecht, NZA 2003, S. 352–357.
Braun, Martin Wybitul, Tim	Übermittlung von Arbeitnehmerdaten bei Due Diligence – Rechtliche Anforderungen und Gestaltungsmöglichkeiten, BB 2008, S. 782–786.
Däubler, Wolfgang Kittner, Michael Klebe, Thomas Wedde, Peter	BetrVG Betriebsverfassungsgesetz, 14. Auflage, 2014, Frankfurt a. Main (zit.: Däubler/Kittner/Klebe/Wedde-*Bearbeiter*).
Däubler, Wolfgang Hjört, Jens Peter Schubert, Michael Wolmerath, Martin (Hrsg.)	Arbeitsrecht, Individualarbeitsrecht mit kollektivrechtlichen Bezügen, 3. Auflage, 2013, Baden-Baden.
Dauner-Lieb, Barbara Simon, Stefan Beckmann, Roland Michael	Kölner Kommentar zum UmwG, 2009, Neuwied (Zit.: KölnK-UmwG-*Bearbeiter*).
Decher, Christian	Personelle Verflechtungen im Aktienkonzern, 1990, Heidelberg.
Dierkes, Meinolf	Unternehmenskultur und Unternehmensführung. Konzeptionelle Ansätze und gesicherte Erkenntnisse, Zeitschrift für Betriebswirtschaft 58(5/6), 1988, S. 554–575.

Dietrich, Thomas (Begr.) / Hanau, Peter (Begr.) / Schaub, Günter (Begr.) / Müller-Glöge, Rudi (Hrsg.) / Preis, Ulrich (Hrsg.) / Schmidt, Ingrid (Hrsg.)	Erfurter Kommentar zum Arbeitsrecht, 14. Auflage, 2014, München (Zit.: ErfK-*Bearbeiter*).
Diller, Martin Schuster, Friderike	Rechtsfragen der elektronischen Personalakte, DB 2008, S. 928–932.
Diller, Martin Deutsch, Markus	Arbeitnehmer-Datenschutz contra Due Diligence, K&R 1998, S. 16–23.
Dornbusch, Gregor Fischermeier, Ernst Löwisch, Manfred	Fachanwaltskommentar Arbeitsrecht, 3. Auflage, 2010, Köln (Zit.: Dornbusch/Fischermeier/ Löwisch-*Bearbeiter*).
Dröse, Alexa	Integrationsmanagement bei Mergers & Acquisitions, 2006, Berlin.
Drumm, Hans Jürgen	Personalwirtschaft, 6. Auflage, 2008, Berlin.
Ebers, Mark	Der Aufstieg des Themas „Organisationskultur" in problem- und disziplingeschichtlicher Perspektive, In: Dülfer, Eberhard (Hrsg.), Organisationskultur: Phänomen – Philosophie – Technologie, 2. Auflage, 1991, Stuttgart, S. 39–63.
Eversberg, Arndt	Doppelvorstände im Konzern, 1992, Freiburg.
Fahrig, Stephan	Verhaltenskodex und Whistleblowing im Arbeitsrecht, NJOZ 2010, S. 975–979.
Fischer, Nicole Oswald, Christine	Internetgestützter Vergütungsvergleich in Post-Merger-Situationen, Personal Nr. 11/2002, S. 28–29.
Fitting, Karl Auffarth, Fritz Engels, Gerd	Betriebsverfassungsgesetz, 27. Auflage, 2014, München.

Freiburg, Nina *Niehaus, Marco*	Trennung vom GmbH-Geschäftsführer nach einem Share Deal, M&A Review 11/2007, S. 503–509.
Gehrlein, Markus	Rechtsprechungsübersicht zum GmbH-Recht in den Jahren 2001–2004: Eigenkapitalersatz, Veräußerung des Geschäftsanteils, Gesellschafterbeschluss sowie Rechtsstellung und Haftung des GmbH-Geschäftsführers, BB 2004, S. 2585–2595.
Gerds, Johannes *Schewe, Gerhard*	Post Merger Integration, 4. Auflage, 2011, Heidelberg.
Gola, Peter *Schomerus, Rudolf*	Bundesdatenschutzgesetz, 11. Auflage, 2012, München.
Göpfert, Burkard *Meyer, Stephan T.*	Datenschutz bei Unternehmenskauf: Due Diligence und Betriebsübergang, NZA 2011, S. 486–493.
Grau, Timon *Schnitker, Elmar*	Übergang und Anpassung von Rechten aus Aktienoptionsplänen bei Betriebsübergang nach § 613a BGB, BB 2002, S. 2497–2504.
Grüter, Hans	Unternehmungsakquisitionen – Bausteine eines Integrationsmanagements, 1991, Bern.
Hackmann, Sven	Organisatorische Gestaltung in der Post Merger Integration, 2011, Wiesbaden.
Hamon, Thierry *Hagedorn, Martin*	Post Merger Integration: Quo Vadis HR? Wechselwirkung zwischen HR Management und erfolgreicher Post Merger Integration, M&A Review 12/2008, S. 570–577.
Hamon, Thierry *Hagedorn, Martin*	Post Merger Integration: Herausforderungen für die nächste Integrationswelle, M&A Review 06/2010, S. 294–299.
Hanau, Peter	Aktuelle Fragen zu § 613a, in: Festschrift für Dieter Gaul zum 70. Geburtstag, herausgegeben von Dietrich Boewer und Björn Gaul, 1992, S. 287–304 (Zit.: *Hanau*, in: FS Gaul).

Hase, Stefan	Integration akquirierter Unternehmen – Planung, Konzeption, Bewertung und Kontrolle, 1996, Sternenfels.
Haspeslagh, Phillippe *Jemison, David*	Akquisitionsmanagement, 1992, Frankfurt am Main.
Hauschka, Christoph E.	Corporate Compliance, 2. Auflage, 2010, München (Zit.: Hauschka-*Bearbeiter*).
Heidel, Thomas	Aktienrecht und Kapitalmarktrecht, 4. Auflage, 2014, Baden-Baden (zit.: Heidel-*Bearbeiter*).
Heldmann, Sebastian	Betrugs- und Korruptionsbekämpfung zur Herstellung von Compliance, DB 2010, S. 1235–1239.
Hennige, Susanne	Rechtliche Folgewirkung schlüssigen Verhaltens der Arbeitsvertragsparteien, NZA 1999, S. 281–291.
Henssler, Martin *Strohn, Lutz*	Gesellschaftsrecht, 2. Auflage, 2014, München (zit.: Hessler/Strohn-*Bearbeiter*).
Henssler, Martin *Willemsen, Heinz Josef* *Kalb, Heinz-Jürgen*	Arbeitsrecht Kommentar, 2. Auflage, 2006, Köln (Zit.: Henssler/Willemsen/Kalb-*Bearbeiter*).
Hinterhuber, Hans H. *Winter, Lothar G.*	Unternehmenskultur und Corporate Identity In: Dülfer, Eberhard (Hrsg.), Organisationskultur: Phänomen – Philosophie – Technologie, 2. Auflage, 1991, Stuttgart, S. 189–200.
Hölters, Wolfgang	Handbuch des Unternehmens- und Beteiligungskaufs, 5. Auflage, 2002, Köln (Zit.: Hölters-*Bearbeiter*).
Hölters, Wolfgang	Aktiengesetz, 2. Auflage, 2014, München (Zit.: Hölters Akt-*Bearbeiter*).
Hommelhoff, Peter	Konzernmodelle und ihre Realisierung im Recht, Konzernrecht in der Konzernwirklichkeit: Das St. Galler Konzernrechtsgespräch, S. 107–127.
Hüffer, Uwe	Aktiengesetz, 11. Auflage, 2014, München (Zit.: Hüffer-*Bearbeiter*).

Jansen, Stephan	Mergers & Acquisitions Unternehmensakquisitionen und -kooperationen, 5. Auflage, 2008, Wiesbaden.
Jauernig, Othmar	Bürgerliches Gesetzbuch, 15. Auflage, 2014, München (zit.: Jauernig-*Bearbeiter*).
Joost, Detlev	Arbeitsrechtliche Angaben im Umwandlungsvertrag, ZIP 1995, S. 976–986.
JurisPK	Juris Praxiskommentar BGB, Band 2, 7. Auflage, 2014 (Zit.: JurisPK-*Bearbeiter*).
Kirchner, Martin	Strategisches Akquisitionsmanagement im Konzern, 1991, Wiesbaden.
Köppel, Petra *Lukas, Wolfgang* *Seidenfus, Christoph*	Zu viele Fusionen scheitern – M&As trotz unterschiedlicher Unternehmenskulturen zum Erfolg bringen, M&A Review 3/2011, S. 109–113.
Kuhlmann, Jens *Ahnis, Erik*	Konzern- und Umwandlungsrecht, 3. Auflage, 2010, Heidelberg.
Labbé, Marcus *Schirmer, Ariane*	HR Due Diligence als Voraussetzung für den Erfolg von Unternehmenstransaktionen, M&A Review 12/2008, S. 565–569.
Lehmann, Helmut	Integration, in: Grochla, Erwin (Hrsg.): Handwörterbuch der Organisation, Sp 976–984, 1980, Stuttgart.
Lohre, Stephan	Die Gestaltung zentraler Post-Merger-Integrationsprozesse, 2009, Hamburg.
Löwisch, Manfred	Die kündigungsrechtlichen Vorschläge der „Agenda 2010", NZA 2003, S. 689–695.
Lucks, Kai *Meckl, Reinhard*	Internationale Mergers & Acquisitions – Der prozessorientierte Ansatz, 2002, Berlin.
Lutter, Marcus *Winter, Martin*	Umwandlungsgesetz: Kommentar mit systematischer Darstellung des Umwandlungssteuerrechts, 4. Auflage, 2009, Köln (Zit.: Lutter-*Bearbeiter*).

Mahnhold, Thilo	Compliance und Arbeitsrecht: Insiderrechtliche Verhaltenskonzepte im nationalen und multinationalen Unternehmen, 2004, Frankfurt a. Main.
Marquardt, Harald	Internationale Akquisitionen mittelständischer Unternehmen, 1998, Stuttgart.
Maschmann, Frank	Betriebsrat und Betriebsvereinbarungen nach einer Umstrukturierung, NZA-Beilage 2009, S. 32–41.
Meifert, Matthias T.	Strategische Personalentwicklung, 3. Auflage, 2013, Wiesbaden.
Mengel, Anja *Hagemeister, Volker*	Compliance und arbeitsrechtliche Implementierung im Unternehmen, BB 2007, S. 1386–1393.
Meyers Lexikonredaktion	Meyers großes Taschenlexikon in 26 Bänden, Band 17 Opel-Pio, 9. Auflage, 2003, Mannheim.
Moll, Wilhelm (Hrsg.)	Münchner Anwaltshandbuch, Arbeitsrecht, 2012, München (Zit.: Moll-*Bearbeiter*).
Müller, Klaus J.	Gestattung der Due Diligence durch den Vorstand der Aktiengesellschaft, NJW 2000, S. 3452–3456.
Münchener Kommentar zum AktG	Band 2, §§ 76–117, MitbestG, DrittelbG, 4. Auflage, 2014, München (Zit.: MüKo AktG-*Bearbeiter*).
Münchener Kommentar zum BGB	Band 4, Schuldrecht, Besonderer Teil II, §§ 611–704, EFZG, TzBfG, KSchG, 6. Auflage, 2012, München (Zit.: MüKo-*Bearbeiter*).
Nezmeskal-Berggötz, Susanna	Einführung und Inhalt von Ethikrichtlinien in multinationalen Unternehmen, CCZ 2009, S. 209–215.
Palm, Andreas	Post Merger Integration von Unternehmenskulturen, 2012, Köln.
Picot, Gerhard	Unternehmenskauf und Restrukturierung, 4. Auflage, 2013, München (Zit.: Picot[Restrukturierung]-*Bearbeiter*).

Picot, Gerhard (Hrsg.)	Handbuch Merger & Acquisitions –Planung, Durchführung, Integration-, 4. Auflage, 2008, Stuttgart (Zit.: Picot[M&A]-*Bearbeiter*).
Reineke, Rolf-Dieter	Akkulturation von Auslandsakquisitionen: Eine Untersuchung zur unternehmenskulturellen Anpassung, 1989, Wiesbaden.
Richardi, Reinhard	Betriebsverfassungsgesetz mit Wahlordnung, 14. Auflage, 2014, München (Zit.: Richardi-*Bearbeiter*).
Rigall, Juan *Tarlatt, Alexander*	Strukturelle Integration als Herausforderung des Managements von Post Merger Integration, In: Mergers & Aquisitions Analysen, Trends und Best Practices, Günter Müller-Stewens, Sven Kunisch, Andreas Binder, S. 308–323.
Sackmann, Sonja	Organisationskultur: Die unsichtbare Einflussgröße, Gruppendynamik 1983 (4), S. 393–406.
Schein, Edgar H.	Organisationskultur, 2. Auflage, 2006, Zürich.
Schewe, Gerhard *Schaecke, Mirco* *Volmer, Michaela*	Post Merger Integration: Der Fall Bertelsmann/Random House, 2000, Münster.
Schiffer, Jack *Bruß, Hannah*	Due Diligence beim Unternehmenskauf und vertragliche Vertraulichkeitsvereinbarungen, BB 2012, S. 847–852.
Schmitt, Joachim *Hörtnagl, Robert* *Stratz, Rolf-Christian*	Umwandlungsgesetz, Umwandlungssteuergesetz, 6. Auflage, 2013, München (Zit.: Schmitt/Hörtnagl/Stratz-*Bearbeiter*).
Schreiner, Andreas *Wirth, Thomas* *Wirth, Markus*	„From Good to Great" – Erfolgsfaktoren aus der Praxis in der Umsetzung von Post Merger Management, In: Mergers & Aquisitions Analysen, Trends und Best Practices, Günter Müller-Stewens, Sven Kunisch, Andreas Binder, S. 289–307.
Schreyögg, Georg	Organisation: Grundlagen moderner Organisationsgestaltung, 4. Auflage, 2003, Wiesbaden.

Schröder, Matthes *Schreier, Michael*	Arbeitsrechtliche Sanktionierung innerbetrieblicher Verhaltensverstöße, BB 2010, S. 2565–2569.
Schuster, Doris-Maria *Darsow, Ingebjörg*	Einführung von Ethikrichtlinien durch Direktionsrecht, NZA 2005, S. 273–277.
Semler, Johannes *Stengel, Arndt*	Umwandlungsgesetz mit Spruchverfahrensgesetz, 3. Auflage, 2012, München (Zit.: Semler/Stengel-*Bearbeiter*).
Siemes, Christiane	Die Selbstbindung der Betriebspartner an den Interessenausgleich gemäß § 112 Abs. 1 Satz 1 BetrVG, ZfA 1998, S. 183–208.
Spindler, Gerald *Stilz, Eberhard*	Kommentar zum Aktiengesetz, Band 1, 2. Auflage, §§ 1–149 AktG, 2010, München (Zit.: Spindler/Stilz-*Bearbeiter*).
Staudinger, Julius von	Kommentar zum Bürgerlichen Gesetzbuch: Staudinger BGB – Buch 2: Recht der Schuldverhältnisse §§ 613a-619a (Dienstvertragsrecht 2); 2011, Berlin.
Stiller, Dirk	Unternehmenskauf im Wege des Asset Deal, BB 2002, S. 2619–2625.
Stoffels, Markus	Grenzen der Informationsweitergabe durch den Vorstand einer Aktiengesellschaft im Rahmen einer „Due Diligence", ZHR 2001, S. 362–382.
Thurn, Oliver *Ziegenhain, Hans-Jörg*	Vertraulichkeitsklausel – Non-Disclosure Agreement, in: Beck'sches Formularbuch Zivil-, Wirtschafts- und Unternehmensrecht Deutsch-Englisch, 2014, München.
Vahs, Dietmar	Organisation, 7. Auflage, 2009, Stuttgart.
Van Kann, Jürgen	Vorstand der AG, Führungsaufgaben, Rechtspflichten und Corporate Governance, 2. Auflage, 2012, Berlin.
Wachter, Thomas (Hrsg.)	Kommentar zum Aktiengesetz, 2. Auflage, 2014, Köln (Zit.: Wachter-*Bearbeiter*).

Waltermann, Raimund	Arbeitsrecht, 16. Auflage, 2012, München.
Wedde, Peter Böttcher, Inge	Arbeitsrecht, Kompaktkommentar zum Individualarbeitsrecht mit kollektivrechtlichen Bezügen (Zit.: Wedde-*Bearbeiter*).
Werner, Markus	Post-Merger-Integration – Problemfelder und Lösungsansätze, ZfO 1999, S. 332–337.
Wiese, Günther Fritz, Fabricius	Betriebsverfassungsgesetz §§ 74–132, Gemeinschaftskommentar, 10. Auflage, 2014, Neuwied (Zit.: GK-*Bearbeiter*).
Willemsen, Heinz Josef Hohenstatt, Klaus-Stefan Schweibert, Ulrike Seibt, Christoph H.	Umstrukturierung und Übertragung von Unternehmen: Arbeitsrechtliches Handbuch, 3. Auflage, 2008, München (Zit.: Willemsen/Hohenstatt/Schweibert/Seibt-*Bearbeiter*).
Willke, Helmut	Systemtheorie I: Grundlagen. Eine Einführung in die Grundprobleme der Theorie sozialer Systeme, 6. Auflage, 2000, Stuttgart.
Wöhe, Günter	Einführung in die Allgemeine Betriebswirtschaftslehre, 24. Auflage, 2010, München.
Wucknitz, Uwe D.	Handbuch Personalbewertung: Messgrößen, Anwendungsfelder, Fallstudien, 2002, Stuttgart.
Zöllner, Wolfgang Loritz, Karl-Georg Hergenröder, Curt Wolfgang	Arbeitsrecht, 6. Auflage, 2008, München.
Zöllner, Wolfgang (Hrsg.) Ulrich, Noack (Hrsg.)	Kölner Kommentar zum Aktiengesetz, Band 2/1, §§ 76–94 AktG, 3. Auflage, 2010, Köln (Zit.: KölnK-AktG-*Bearbeiter*).
Zumkeller, Alexander	Arbeitsrechtliche Folgen des Betriebsübergangs nach § 613a BGB, DStR 1998, S. 1966–1960.

A. Einleitung

Unternehmenskäufe stellen eine Möglichkeit des Unternehmenswachstums und der unternehmerischen Neuausrichtung dar. Grund für einen Unternehmenskauf kann das Ziel sein, höhere Gewinne durch das Ausnutzen von Synergieeffekten zu erreichen. Die wachsende Zahl an Unternehmenskäufen legt nahe, dass diese an Bedeutung gewinnen.[1] Ob durch einen Kauf gewinnbringende Vorteile erworben werden, ist abhängig von der Vorbereitung und Durchführung.[2] Bei 62 % der Unternehmenstransaktionen werden die erhofften Ziele des Unternehmenskaufs nicht erreicht.[3]

Die Post Merger Integration, also die Integration nach dem Unternehmenszusammenschluss, soll zum Erfolg eines Unternehmenskaufs beitragen. Oft wird eine mangelnde Post Merger Integration als Grund für das Scheitern eines Unternehmenskaufs identifiziert.[4] Es werde zu wenig auf kulturelle und personelle Aspekte der Integration geachtet, obwohl deren Bedeutung zunimmt.[5] Deshalb wird momentan verstärkt dazu aufgerufen, im Rahmen der Post Merger Integration mehr Augenmerk auf die kulturelle und personelle Integration zu legen.

Für den Ablauf einer Post Merger Integration wird ein Integrationsplan erstellt. In diesem werden geplante Umstrukturierungen und unterstützende Maßnahmen bereits während des Kaufprozesses festgehalten. Im Rahmen der Post Merger Integration mit besonderem Fokus auf Unternehmenskultur und Personal müssen dazu Aspekte der Unternehmensstruktur (C.I.), der Unternehmensphilosophie (C.III.) und der personellen Integration (D.) beachtet werden.

Um eine Integration in den Bereichen der Unternehmenskultur und des Personals optimal zu ermöglichen, kann auch eine Mitarbeiter Due Diligence (E.) vor der Durchführung des Unternehmenskaufs von Nutzen sein. Nachdem herausgearbeitet wurde, welche Aspekte für die Integration von Kultur und Personal von Bedeutung sind, wird deshalb untersucht, wie diese Aspekte mit ihren Risiken bereits im Vorfeld erkannt werden können (E.I.) und in welchem rechtlichen Rahmen eine Mitarbeiter Due Diligence dazu durchgeführt werden kann (E.II.).

---

1 Picot[M&A]-*Picot*, 1, 5.
2 Vgl. Picot[M&A]-*Picot*, 1, 19.
3 *Gerds/Schewe*, S. 5.
4 *Schreiner/Wirth/Wirth*, 289, 290.
5 Picot[M&A]-*Picot*, 588.

Neben den allgemeinen Handlungsvorschlägen muss geklärt werden, ob nach den rechtlichen Vorgaben überhaupt verschiedene Handlungsoptionen bestehen oder ob der Gesetzgeber konkrete Vorgaben für den Integrationsprozess vorgesehen hat.

B. Bedeutung der Post Merger Integration

I. Begriffe

1. Unternehmenskauf

Grundsätzlich bestehen zwei rechtliche Möglichkeiten des Unternehmenserwerbs. Zum einen ist es möglich, ein Unternehmen durch den Kauf der einzelnen Bestandteile des Unternehmens zu übernehmen. Dieser Vorgang wird als „Asset Deal" bezeichnet.[6] Beim Asset Deal müssen alle Unternehmensteile, die gekauft werden, einzeln im Kaufvertrag aufgelistet werden. Beim sogenannten „Share Deal" hingegen werden die mehrheitlichen oder gesamten Unternehmensanteile vom zu erwerbenden Unternehmen gekauft. Dabei geht das Unternehmen gesamt oder mehrheitlich an den Käufer über.[7]

Unternehmenskäufe können in der Praxis verschiedene Formen annehmen. Im klassischen Fall wird ein Unternehmen im Wege des Share oder Asset Deal vollständig erworben. Alternativ können auch Teile eines Unternehmens erworben werden, so können einzelne Unternehmensbereiche oder Abteilungen sowie Tochtergesellschaften Kaufobjekt sein. Ein Unternehmenskauf kann auch herangezogen werden um Kooperationen zu beschließen oder Fusionen einzuleiten. Bei der Fusion verschmelzen die vormals eigenständigen Rechtsträger nach dem Unternehmenskauf zu einer wirtschaftlichen und rechtlichen Einheit.[8]

2. Post Merger Integration

Eine Unternehmenstransaktion durch Zusammenschluss oder Übernahme kann grundsätzlich in drei Phasen, die Planungs-, die Durchführungs- und die Integrationsphase, untergliedert werden.[9] Der Begriff Integration stammt von den lateinischen Worten „integer" (ganz, vollständig, unversehrt), „integrare" (vervollständigen) und „integratio" (Wiederherstellung eines Ganzen) ab.[10] Die Integration spiegelt einen Prozess wider, bei dem die Koexistenz auf verschiedenen Ebenen wie Strategie, Koordination, Organisation, Personal und Kultur von zwei oder mehreren Unternehmen aufgebrochen und im weiteren angeglichen

---

6 Beisel/Klumpp-*Beisel*, 7. Kapitel Rn. 47.
7 *Beck/Klar*, DB 2007, 2819.
8 Beck-Lex-*Heß*, Stichwort Fusion Rn. 1.
9 Picot[Restrukturierung]-*Picot*, S. 1, 17 f.
10 *Jansen*, S. 319; *Lehmann*, Sp. 976 f.; *Lohre*, S. 14.

und vereinheitlicht wird.[11] Diese Prozesse können aus Abstimmungs-, Anpassungs-, Reorganisations- und Aufbauprozessen bestehen.

„Post Merger" (dt.: nach Zusammenschluss) beschreibt dabei den Zeitpunkt nach der Übernahme oder dem Zusammenschluss von Unternehmen. Dies ist gleichzeitig der Zeitpunkt, zu dem die Umsetzung der Integration eingeleitet wird. Die Vorbereitungen beginnen bereits früher, lediglich die Umsetzung der Integration beginnt erst, nachdem der Unternehmenskauf rechtlich schon vollzogen wurde. Dabei wird deutlich, dass es um eine langfristige Integration geht, die auf Basis eines endgültigen vertraglichen Konstrukts etabliert werden soll.

II. Relevanz kultureller und personeller Aspekte für die Post Merger Integration

Ziel der Post Merger Integration ist eine sinnvolle Zusammenführung von vormals zwei oder mehreren Unternehmen.[12] Dabei soll die Post Merger Integration so gestaltet werden, dass möglichst hohe Synergieeffekte erzielt werden.[13] Um diese Synergieeffekte zu erzielen, muss entgegen dem Begriff bereits während der Verhandlungsphase damit begonnen werden die Integration zu planen. Grundsätzlich müssen somit neben den eigentlichen Vertragsverhandlungen auch Verhandlungen, Untersuchungen und Recherchen, die für die Integration notwendig sind, durchgeführt werden.[14]

Eine ausgiebige Planungsphase für eine reibungslose Integration gestaltet sich unter dem Druck der Vertragsverhandlungen oft schwierig, sollte aber vor dem Hintergrund der Akquisitionsziele nicht vernachlässigt werden. Bezüglich der Integration muss der Erwerber überlegen, welche Pläne er für das zu erwerbende Unternehmen hat. Sobald diese Ziele definiert sind, kann damit begonnen werden, eine Integrationsstrategie zu erstellen. Um den Erfolg der Integration zu gewährleisten, muss ein Ablaufplan erarbeitet werden. Dieser hat neben dem Integrationsprozess auch aufzuzeigen in welchem zeitlichen Rahmen der Vorgang der Integration vollzogen werden soll.[15]

Die inhaltliche Durchführung der Integration ist maßgeblich von den gesetzten Zielen geprägt. Es ist notwendig in groben Zügen eine Strategie für erwerbendes und erworbenes Unternehmen zu finden, die eine Orientierung bietet,

---

11 *Jansen*, S. 319.
12 *Hackmann*, S. 30.
13 *Jansen*, S. 318.
14 Vgl. *Köppel/Lukas/Seidenfus*, M&A Review 3/2011, 109.
15 *Dröse*, S. 32.

wie fortan verfahren werden soll. In bedeutenden Bereichen sind speziellere Integrationsstrategien zu entwickeln.

Für den Bereich der Unternehmenskultur mit dem bedeutenden Teil der Unternehmensstruktur gilt beispielsweise, dass Veränderungen der Struktur auf gesellschaftsrechtlicher Ebene oder im Organisationsaufbau die Akquisitionsziele unterstützen müssen. Dazu zählen Überlegungen, mit welchen Unternehmensabteilungen eine reibungslose Integration verwirklicht werden kann.

Neben einer kulturellen Integration muss auch die Integration des Personals durchgeführt werden. So sind neben der rechtlichen Integration vom Personal auch das Wissen und die Fähigkeiten der Mitarbeiter zu integrieren. Zusätzlich bekommen Personalentwicklungsmaßnahmen eine besondere Bedeutung. Zu den klassischen Anreiz- und Motivationsmechanismen, die besonders nach einem Unternehmenskauf von Bedeutung sind, zählen zum Beispiel das Gehalt und die Möglichkeit der Arbeitnehmer auf das Geschehen im Unternehmen Einfluss zu nehmen.[16]

Die Bandbreite der zu beachtenden Themen für die Integration verdeutlicht, warum die Integrationsphase auch als schwierigste und umfangreichste Phase des Unternehmenskaufs gilt.[17] Oftmals wird sie unterschätzt, sodass in der Folge der Erfolg einer Unternehmenstransaktion ausbleibt.[18]

---

16 Vgl. *Hackmann*, S. 30 f.
17 Vgl. *Hamon/Hagedorn*, M&A Review 06/2010, 294, 299.
18 Vgl. *Grüter*, S. 12, *Jansen*, S. 336 f.

C. Kulturelle Integration

Für eine gelungene kulturelle Integration ist es unbedingt notwendig vorher zu überlegen, welche Faktoren zur Unternehmenskultur zählen. Zum Teil wird davon ausgegangen, dass die Unternehmenskultur sich in erster Linie auf die Wertvorstellungen und Traditionen sowie Denkhaltungen in einem Unternehmen beschränkt.[19] Diese Vorstellung von Kultur beachtet jedoch nicht, dass sich exogene wie endogene Umstände gegenseitig beeinflussen. Somit muss die Unternehmenskultur mehr sein als nur endogene Umstände. Die Unternehmenskultur bildet sich vielmehr aus drei verschiedenen Ebenen, die allesamt verschiedene kulturelle Ebenen eines Unternehmens widerspiegeln.

So hat jedes Unternehmen Bestandteile, beispielsweise Unternehmensstrukturen, -prozesse, -farben oder Kleidung, die von der Unternehmenskultur beeinflusst werden und diese gleichzeitig selbst beeinflussen.[20] Diese nach außen sichtbaren Eigenschaften eines Unternehmens bilden die erste Ebene der Unternehmenskultur.

Gleichzeitig wird die Unternehmenskultur auf der zweiten Ebene durch die öffentlich vertretenen Werte widergespiegelt. Die nach außen sichtbaren Werte sollen dem Betrachter als Indiz dienen, wie ein Unternehmen in verschiedenen Situationen handeln würde. Zu dieser Ebene zählen Strategien und Ziele genauso wie selbst auferlegte Kodizes und Philosophien.[21]

Erst auf der dritten Ebene folgt das Kernstück der Kultur, die „unausgesprochenen gemeinsamen Annahmen".[22] Diese beruhen zumeist auf Werten, die noch aus der Gründungszeit des Unternehmens stammen. Wenn ein Unternehmen beispielsweise vor Unternehmensentscheidungen unternehmensinterne Diskussionen fördert um schlussendlich eine Einigung aller Beteiligten zu erreichen, wird von Mitarbeitern ein solches Vorgehen für alle Entscheidungen erwartet. Oft gehen solche „Traditionen" auf den Gründer des Unternehmens zurück, der sie einführte.[23] Zu dieser Ebene der Unternehmenskultur müssen

---

19 *Hinterhuber/Winter*, S. 189, 190 f., *Ebers*, S. 39, 55 f.
20 *Schein*, S. 31 f.
21 *Schein*, S. 32.
22 *Schein*, S. 34.
23 *Schein*, S. 34 f.

alle gemeinsam gelebten Werte, Überzeugungen und Annahmen gezählt werden, die ein Unternehmen bestimmen.[24]

I. Integration der Unternehmensstruktur

Um die Unternehmenskultur erfolgreich und vollständig zu integrieren ist es notwendig, die drei Ebenen der Unternehmenskultur gleichermaßen zu beachten. Trotzdem bildet die Unternehmensstruktur die Basis der Integration. Die Unternehmensstruktur bildet die gesellschaftsrechtliche Ebene eines Unternehmens mit dem dazugehörigen Organisationsaufbau.[25] Der Organisationsaufbau gliedert ein Unternehmen durch die Herausbildung von Bereichen, Abteilungen und Stabsstellen in einzelne Teilbereiche.[26]

Eine Integration der Unternehmensstruktur hat zur Folge, dass aus vormals zwei oder mehreren Einzelstrukturen und deren Untergliederungen eine neue Struktur gebildet wird.[27] Zur Integration der Unternehmensstruktur gehört neben dem eigentlichen Organisationsaufbau auch die Integration von vormaligen Schnittstellen. Solche Schnittstellen sind etwa einzelne Arbeitsplätze oder Abteilungen, aber auch Aufgabenverteilungen und hierarchische Beziehungen, die in Berührung mit dem erworbenen Unternehmen standen.[28]

1. Entwicklung und Integration einer Unternehmensstruktur

Für die Entwicklung und Integration einer Unternehmensstruktur ist es notwendig, dass ein Integrationsziel formuliert wird.[29] So kann beispielsweise eine Integration darauf abzielen, den Logistikbereich zweier Firmen zu vereinheitlichen. Diese Zielformulierung hätte zur Folge, dass eine Integration viele Teile der Firmen nicht betrifft und im weiteren Verlauf vor allem auf die logistischen Abteilungen sowie deren Interdependenz zum restlichen Unternehmen geachtet werden muss.

---

24 *Schein*, S. 34 ff.
25 Vgl. *Hackmann*, S. 111.
26 Vgl. *Wöhe*, S. 111 ff.
27 *Hackmann*, S. 175 f.
28 *Hackmann*, S. 176.
29 *Gerds/Schewe*, S. 277.

a) Integrationsziel als Einflussfaktor bei der Planung

Während ein Akquisitionsziel ein generelles Ziel verfolgt, wie die Ausweitung von Forschung und Entwicklung durch den Unternehmenskauf, bestimmt ein Integrationsziel die beste Möglichkeit der Zusammenführung um das Akquisitionsziel zu erreichen. Es werden drei Arten von Integrationszielen unterschieden: Erhaltung, teilweise Eingliederung und vollständige Eingliederung.[30] Sie sind abhängig vom Ziel des Unternehmenskaufs. Der Erwerb eines Unternehmens als rein finanzstrategische Handlung, kann als viertes Ziel außer Acht gelassen werden, da in solchen Fällen ein Unternehmen als Wertanlage dienen soll und nahezu nichts verändert wird. Eine Integration findet somit nicht statt.[31] Bei den ersten drei Zielen hingegen muss der Grad der Integration dem jeweiligen Ziel angepasst werden.

aa) Erhaltung

Bei dem Integrationsziel der Erhaltung geht es in erster Linie um eine Geschäftsfeldausweitung des erwerbenden Unternehmens. Es kann sich dabei sowohl um Skalen- als auch um Scopeeffekte handeln, die verwirklicht werden sollen. Während Skaleneffekte durch den Zukauf die Marktmacht im eigenen Markt erhöhen, führen Scopeeffekte zu Gewinnen durch eine Ausweitung des Marktsegments, in dem das Unternehmen tätig ist.[32] Wenn das Ziel die Erhaltung ist, sollen grundsätzlich keine Synergieeffekte erzielt werden. Folglich bedeutet das für die Integration mit dem (Integrations)Ziel der Erhaltung, dass Organisationstrukturen gar nicht oder nur zu einem sehr geringen Teil geändert werden.

Exemplarisch kann dazu die Übernahme von Random House durch Bertelsmann betrachtet werden. Bertelsmann wollte durch den Erwerb im damals zweitgrößten Markt des Unternehmens, dem Buchmarkt der Vereinigten Staaten von Amerika, ein weiteres Standbein errichten.[33] Für Bertelsmann bestand das Problem, dass die Marke „Bertelsmann" den US-Amerikanern kein Begriff war. Durch den Kauf von Random House, einem der bedeutendsten US-amerikanischen Verlage, erhoffte man sich, sein Amerikageschäft durch das bestehende Unternehmen ausweiten zu können. Dazu wurden fast keine unternehmensstrukturellen Änderungen bei Random House vorgenommen, der Mutterkonzern diente lediglich als Unterstützung bei Fragen und Problemen jeglicher Art.

---

30 *Haspeslagh/Jemison*, S. 173 f.
31 *Haspeslagh/Jemison*, S. 175.
32 *Rigall/Tarlatt*, S. 308, 318.
33 *Schewe/Schaecke/Volmer*, S. 5.

Wenn die Erhaltung früh kommuniziert und eine Eigenständigkeit garantiert wird, bleibt eine Verunsicherung unter den Arbeitnehmern aus, außerdem können kulturelle Unterschiede vernachlässigt werden.[34] In geringem Maße kommt es zu einer Integration auf der Führungsebene. Das kaufende Unternehmen muss Planungs- und Kontrollinstrumente initialisieren, die in erster Linie im Kontakt mit dem Vorstand des gekauften Unternehmens stehen.

bb) Teilweise Integration

Die teilweise Integration ist notwendig, wenn es zwischen dem erworbenen Unternehmen und dem erwerbenden Unternehmen größeren Austausch geben soll, aber gleichzeitig der größtmögliche Grad an Autonomie für beide Unternehmen erhalten bleiben soll.[35] Damit es für die Arbeitnehmer nicht zu großen Umstellungen kommt, sollen auf Seiten des erwerbenden Unternehmens die Unternehmensstrukturen weitestgehend bestehen bleiben. Auf Seiten des erworbenen Unternehmens muss sich die Struktur insoweit öffnen, dass es zu einem Austausch, zumindest in den für die Akquisitionsziele wichtigen Teilbereichen, mit dem erwerbenden Unternehmen kommt.

Die Autonomie soll auch gewährleisten, dass das erworbene Unternehmen seine kulturellen Eigenheiten behält. Damit spart sich das erwerbende Unternehmen zum einen den mit mehr Risiko verbundenen Ansatz, die Arbeitnehmer durch teure Schulungen einer neuen Kultur näher zu bringen und vermittelt gleichzeitig, dass ihre Arbeitsstellen sicher sind.

Vorstellbar ist eine solche Teilintegration beispielsweise, wenn ein Automobilhersteller einen Zulieferer zum Zweck einer gezielteren Forschungsentwicklung übernimmt. Durch die Autonomie, die dem Zulieferer nach Zusammenschluss eingeräumt wird, stellt man sicher, dass das Alltagsgeschäft ohne Zwischenfälle weiter läuft. Gleichzeitig kann eine Öffnung der Forschungs- und Entwicklungsabteilung vorgenommen werden. Dies ermöglicht einen Austausch und eine für den Automobilhersteller in seinem Sinne zielgerichtete Forschung in den Bereichen, die präferiert werden.

cc) Vollständige Integration

Eine vollständige Integration setzt sich zum Ziel, die rechtliche und wirtschaftliche Einheit der beteiligten Firmen umzusetzen.[36] Somit wird keine Autonomie

---

34 *Jansen*, S. 234.
35 Vgl. *Kirchner*, S. 264.
36 *Werner*, ZfO 1999, 332.

einer oder mehrerer Firmen akzeptiert, vielmehr soll eine einheitliche Unternehmensstruktur geschaffen werden. Dieser Schritt ist besonders dann notwendig, wenn es einen sehr starken und alle Ebenen umfassenden Austausch zwischen den Unternehmen gibt und gleichzeitig ein geringer Bedarf an Selbstständigkeit vorhanden ist. Dafür ist es ratsam beim Erwerb darauf zu achten, dass eine ähnliche Unternehmensstruktur vorliegt, um eine Vereinheitlichung zu erleichtern.

Es ist notwendig, dass eine vollständige Integration alle Bereiche des Unternehmens erfasst. So ist bei der Planung vor allem darauf zu achten, dass es zu einer sinnvollen Koordinierung und Harmonisierung zwischen den vormals verschiedene Strukturen und Prozessen kommt. Gleichzeitig müssen zukünftige Abläufe festgelegt und implementiert werden.[37] Bei der neuen Unternehmensstruktur ist darauf zu achten, dass sie in vollem Umfang auch dem neuen und gemeinsamen Ziel dient. Dafür kann eine völlig neue Struktur geschaffen werden oder es können bereits bestehende Strukturen für das gemeinsame Ziel angepasst werden.[38] Gleichzeitig muss die rechtliche Zusammenführung der beiden Unternehmen erfolgen.[39]

Die Umsetzung der geplanten Maßnahmen setzt größtes Geschick voraus. Die sinnvollste neue Struktur ist nicht unbedingt immer die einfachste. Es müssen die kulturellen Aspekte, die eine vorher bestehende Struktur ausgemacht haben, beachtet werden. Eine Nichtbeachtung der kulturellen Umstände kann dazu führen, dass die neue Struktur abgelehnt wird. So ist bei der Fusion von Daimler und Chrysler als eine der Ursachen des Scheiterns der Fusion ausgemacht worden, dass in beiden Unternehmen ein unterschiedliches Qualitätsverständnis herrschte. Die folgende Strukturveränderung, dass Mercedeshändler nach der Fusion auch Chrysler-Fahrzeuge verkaufen sollten, führte zu erheblichem Unverständnis bei den Händlern, da diese die Erweiterung ihrer Produktpalette um die ihrer Meinung nach minderwertigen Chrysler-Fahrzeuge ablehnten.[40] Dieser innere Widerstand der Mitarbeiter wurde nicht erkannt und somit auch nicht durch die neue Struktur oder den Abbau solcher Vorurteile behoben.

---

37 *Jansen*, S. 235; *Marquardt*, S. 106.
38 *Hackmann*, S. 101.
39 Vgl. *Hase*, S. 60.
40 Vgl. http://www.welt.de/wirtschaft/karriere/leadership/article12878747/Warum-grosse-Firmenfusionen-immer-wie-der-scheitern.html, zuletzt aufgerufen am: 13.10.2014.

dd) Zusammenfassung

Die Unterscheidung der drei Integrationsziele ist unbedingt notwendig. Aus ihnen kann direkt abgeleitet werden, in welchem Ausmaß Integrationsmaßnahmen geplant und durchgeführt werden müssen. Zu beachten ist, dass für jeden Unternehmenskauf abhängig vom Akquisitionsziel das Integrationsziel einzeln zu definieren ist. Ein Unternehmen kann nicht grundsätzlich sagen, dass beispielsweise jeder Unternehmenskauf mit dem Ziel der teilweisen Integration durchgeführt wird.

b) Entwicklungsprozess der Unternehmensstruktur

aa) Allgemeine Ansätze

Der Entwicklungsprozess einer Unternehmensstruktur dient der Herleitung der bestmöglichen Struktur für das neue Unternehmen. Dieser Prozess ist nur nötig, wenn das Integrationsziel die teilweise oder vollständige Integration vorsieht. Nach dem Festlegen des Integrationsziels sind die Eckpfeiler der Struktur zu definieren, die die neue Organisationsstruktur bestimmen sollen.[41] Um Wertverluste zu vermeiden ist das Ziel, dass am ersten Tag nach der Übernahme des erworbenen Unternehmens eine Struktur feststeht. Diese Struktur muss auch die Aufgabe erfüllen, das Tagesgeschäft weiterführen zu können.

So wird der Unternehmensführung bzw. dem Integrationskoordinator für den Aufbau einer solchen Struktur oft der Hinweis gegeben, Organisationsprinzipien festzulegen, Aufgaben und Verantwortlichkeiten sinnvoll abzugrenzen, die obersten Organisationsebenen festzulegen und Personalstärken zu erkennen und zu nutzen.[42] Dabei soll auf Synergien geachtet werden, die es zu nutzen gilt.[43]

bb) Idee der fünf Stufen

Ein alle Bereiche einer Unternehmensstruktur umfassender Entwicklungsprozess besteht aus fünf Stufen.[44] Die einzelnen Stufen sind: eine Abgrenzung des neuen Unternehmens nach außen, Kontakt des Unternehmens mit der Umwelt, Neubildung von Abteilungen, die Integration der Abteilungen und die interne Organisation der Abteilungen.

---

41 Picot[M&A]-*Bartels/Cosack*, S. 534, 542; *Schreiner/Wirth/Wirth*, S. 289, 294.
42 Picot[M&A]-*Bartels/Cosack*, S. 534, 544.
43 *Schreiner/Wirth/Wirth*, S. 289, 296.
44 Vgl. *Hackmann*, S. 175 ff.

(1) Abgrenzung des Unternehmens nach außen

Die Abgrenzung der neuen Unternehmensstrukturen nach außen ist ein notwendiger und erster Schritt für eine Integration der Unternehmensstruktur.[45] Grundsätzlich muss dazu die strategische Ausrichtung des Unternehmens bestimmt werden. Die Ausrichtung ist abhängig von der Gesamtaufgabe eines Unternehmens und der angestrebten Wertschöpfungstiefe. Beispielsweise ist die Gesamtaufgabe für einen Automobilhersteller wie Mercedes das Bauen von Fahrzeugen. Die Wertschöpfungstiefe bestimmt sich dann an Hand dessen, womit Mercedes Geld verdienen will. Dabei stellt sich die Frage, ob bei Mercedes lediglich größere Bestandteile zusammengebaut werden sollen und die Entwicklung und Herstellung dieser Teile ausgelagert werden. Alternativ könnten einzelne oder alle letztgenannten Aufgaben von Mercedes selbst durchgeführt werden.

(2) Kontakt mit der Umwelt

Gleichzeitig muss in einem zweiten Schritt festgelegt werden, wie und wo das Unternehmen mit seiner Umwelt in Kontakt tritt. Zur Umwelt zählen Zulieferer, Kunden und andere Externe.[46] Das „wo" soll dabei die Schnittstelle bestimmen, an der Externe auf das Unternehmen stoßen und in Interaktion treten. Das „wie" hingegen bestimmt beispielsweise, ob an der Schnittstelle lediglich Aufträge vergeben werden oder ob es zu einem Austausch oder einer gemeinsamen Arbeit mit den externen Partnern kommt. Deshalb ist es nötig zu analysieren, wie mit Geschäftspartnern, Kunden und anderen Externen zusammen gearbeitet werden soll. Beim Unternehmenskauf verschiebt sich regelmäßig die Schnittstelle zu Externen, da durch den Kauf die Wertschöpfungstiefe erweitert wird.

(3) Entwicklung von Bereichen und Abteilungen

In einem dritten Schritt muss dann ein Organisationsaufbau entwickelt werden, der eine Interaktion mit der Umwelt des Unternehmens an den vorher bestimmten Schnittstellen ermöglicht und gleichzeitig die Gesamtaufgabe des Unternehmens unter der größten Wertschöpfungsmöglichkeit erfüllt. Vor diesem Hintergrund sollen dann Bereiche, Abteilungen und Unterabteilungen geschaffen werden, die das Unternehmensziel in ihrer Gesamtheit bestmöglich verwirklichen können. Dabei sollte vertikale und horizontale Arbeitsteilung betrieben

---

45 *Willke*, S. 41.
46 Vgl. *Hackmann*, S. 175.

werden.⁴⁷ So bestimmt die horizontale Arbeitsteilung in welchem Umfang einzelne Abteilungen an einer Aufgabe beteiligt sind. Die vertikale Arbeitsteilung hingegen sorgt für eine Trennung zwischen Koordinationsaufgaben und Durchführungsaufgaben. Nach dem grundlegenden Prinzip der Arbeitsteilung und Spezialisierung entstehen so Organisationseinheiten, in denen Arbeitsaufgaben gebündelt und je nach Spezialisierung bearbeitet werden sollen. Die Bildung der verschiedenen Abteilungen muss gleichzeitig immer vom Grundsatz der Komplexitätsreduktion begleitet sein, da ein zu komplexer Organisationsaufbau zu Kompetenzüberschneidungen führt.⁴⁸ Dieser Schritt bedeutet nicht grundsätzlich die Notwendigkeit neue Strukturen zu schaffen. Wenn es eine vorherrschende Struktur in einem der bisherigen Unternehmen gibt, kann auch diese beibehalten werden, wenn sie sich bereits bewährt hat. So wurde bei dem Kauf von Random House durch Bertelsmann beispielsweise beschlossen, dass Random House als bereits bekannter Verlag mit seiner Aufstellung in Amerika größtenteils bestehen bleibt, weil den US-Amerikanern Random House im Gegensatz zu Bertelsmann ein Begriff war. Um die Zusammenarbeit mit US-amerikanischen Autoren nicht zu gefährden, entschloss man sich dazu, vorhandene Unternehmensstrukturen bestehen zu lassen.⁴⁹

(4) Integration des Organisationsaufbaus

Im vierten Schritt kommt es zur tatsächlichen Integration. Dabei sollen die vormals zwei Organisationsaufbauten zu einem neuen Aufbau zusammengeführt werden. Es gilt zu koordinieren, dass die vorher getrennten Abteilungen und nebeneinander bestehenden Unternehmensstrukturen in die in Schritt drei verfasste einheitliche Form zusammengeführt werden. Dieser Vorgang sollte durch vertikale Koordination erfolgen.⁵⁰ Bei dieser Form der Koordination erfolgt die Integration durch die Hierarchie im Unternehmen. Abteilungen werden Unter- und Überordnungsverhältnisse zugeteilt und das Leitungssystem genutzt um zu bestimmen, dass die Abteilungen so agieren wie gewünscht.⁵¹ Bei einer horizontalen Koordination hingegen müsste jede Abteilung mit allen anderen Abteilungen kommunizieren, um zu erschließen, wie die eigene Stellung in der Gesamtstruktur wäre. Weiterhin ist wichtig zu beachten, dass sich ähnliche

---

47 *Bea/Göbel*, S. 301 f.; Bea/Friedl/Schweitzer-*Krüger*, S. 151; *Schreyögg*, S. 129 ff.; *Vahs*, S. 69 f.
48 *Hackmann*, S. 62.
49 *Schewe/Schaecke/Volmer*, S. 6.
50 *Hackmann*, S. 67.
51 *Schreyögg*, S. 157 f.

Abteilungen in den alten Unternehmen nicht naturgemäß auch auf der selben hierarchischen Ebene stehen. Somit muss es beim Integrationsprozess auch zu einer Neuaufstellung der Weisungsbefugnisse kommen. Gleichzeitig kommt es zum tatsächlichen Zusammentreffen von Mitarbeitern vormals verschiedener Abteilungen. Ab diesem Zeitpunkt ist nicht nur der Aufbau ausschlaggebend für eine Unternehmensstruktur, vielmehr bekommen auch Ablaufprozesse eine große Bedeutung. Damit die Integration nicht ins Stocken gerät, sollte vorher auf eine ausführliche Prozessanalyse und Befragung der Mitarbeiter geachtet werden, welche Prozesse zum einen effektiver sind und zum anderen bei den Mitarbeitern beliebter bzw. bewährter sind.

(5) Interne Organisation der Abteilung

Den letzten Schritt stellt die interne Organisation der Unternehmensabteilungen dar. Dabei geht es nicht um die Interaktion zwischen den Abteilungen, dieser Punkt wird bereits bei der Integration vorgenommen. Vielmehr geht es um die Arbeitsteilung innerhalb von Abteilungen und die Frage, inwieweit man diesen dabei Eigenständigkeit einräumt.

(6) Zusammenfassung

Nachdem auch dieser letzte Schritt absolviert wurde, ist die neue Unternehmensstruktur aufgestellt. Von der rein wirtschaftlichen Seite sind diese Schritte zur Bildung und Integration einer Unternehmensstruktur notwendig.

cc) *Betrachtungsschwerpunkt Synergien*

Die fünf Schritte des Integrationsprozesses bieten jedoch nur eine Anleitung. So ist es außerdem empfehlenswert auf Bereiche zu achten, die es ermöglichen sich gegenseitig zu fördern, um Synergieeffekte zu erzielen. Schon in der Planungsphase kann auf den Aufbau von gemeinsamen Kunden-, Produkt- und Vertriebskanalportfolien geachtet werden.[52] Weiterhin muss jeder Unternehmensbereich und jede Abteilung der alten Unternehmen geprüft werden, ob sie in Verbindung mit anderen Bereichen in der neuen Struktur potentielle Synergieeffekte erzielen können. Dabei können auch Mehrwerte erzielt werden, die nicht in der Struktur selbst liegen, wie beispielsweise Mengenrabatte bei gemeinsamem Einkauf oder weniger Miete an den Standorten.[53]

---

52 *Rigall/Tarlatt*, S. 308, 317 ff.
53 *Rigall/Tarlatt*, S. 308, 320.

Aus einer expliziten Betrachtung von Synergieeffekten während der Planungsphase ergeben sich zwei wesentliche Vorteile. Zum einen zeigt sie die Unternehmenseinheiten auf, die bei der Integration besonders beachtet werden müssen. Zum anderen ist durch ein Überschlagen von Höhe und Art der Synergieeffekte auch die Möglichkeit gegeben, in Erfahrung zu bringen, wie viel Mehrwert ein Unternehmenskauf bringt.[54]

2. Weitere Aspekte zur Integration der Unternehmensstruktur

Die fünf Schritte des Integrationsprozesses ergeben einen genauen Plan zur Bildung und Integration der Unternehmensstruktur. Im Gegensatz dazu bieten andere Modelle, wie das „7-K-Modell", nur einen groben Überblick darüber, welche Bereiche bei der Integration generell angesprochen werden müssen. So werden im „7-K-Modell" sieben Schlüsselfaktoren beschrieben, die bei einer Integration die psychischen und ökonomischen Kosten bilden.[55] Zu diesen Schlüsselfaktoren zählen: Unternehmenskultur, Kunden, Kommunikation, Kernbelegschaft, Know-How und Kernkompetenzen, Kontrolle und die Koordination der Integration.

Für einen reibungslosen Integrationsprozess sorgt jeder einzelne Mitarbeiter. Damit diese den Integrationsprozess tatkräftig unterstützen, ist es notwendig, dass der Integrationsprozess mit den Mitarbeitern kommuniziert wird. Neben Motiven und Gründen warum man das Unternehmen umstrukturiert, ist es sinnvoll Zielvorgaben für einzelne Abteilungen festzulegen, anhand derer gemessen werden kann, wie weit die Integration fortgeschritten ist. Ziele können beispielsweise eine steigende Zahl an bearbeiteten Projekten, eine steigende Anzahl an Innovation oder auch sinkende Preise im Einkauf sein. Wird auf die Kommunikation mit den Mitarbeitern verzichtet, kann der Integrationsprozess durch diese nicht unterstützt werden, weil niemand weiß was zu tun ist. Gleichzeitig fühlen sich die Mitarbeiter nicht ausreichend beteiligt, was zum Boykott des Integrationsprozesses führen kann. Um etwaigen Problemen möglichst schnell begegnen zu können, empfiehlt es sich eine durch den Integrationsmanager verwaltete Beschwerdestelle einzurichten, die es Mitarbeitern ermöglicht, auf Missstände hinzuweisen, um zu garantieren das schnellst möglich Lösungen gefunden werden.

---

54 Vgl. Hölters-*Widmann*, S. 71, 121 f.
55 *Jansen*, S. 214.

3. Zusammenfassung

Die Integration der Unternehmensstruktur erfolgt durch eine rein prozessorientierte Umsetzung. Nach dem Definieren der Integrationsziele und dem Ausarbeiten eines gemeinsamen Organisationsaufbaus unter Beachtung der weiteren Aspekte wie der Unternehmenskommunikation, kann damit begonnen werden einen Plan aufzustellen, der die Integration der Unternehmensstruktur bestimmt. Beim Prozess der Integration der Unternehmensstruktur muss darauf geachtet werden, dass eine gewisse Flexibilität nicht verloren geht. So können bei internen Unternehmensabläufen auch bei bester Planung unvorhergesehene Probleme auftauchen, die einer Anpassung im Prozessplan bedürfen. Änderungen dürfen jedoch nicht dazu führen, dass ein komplett neuer Plan erstellt werden muss.

II. Rechtliche Aspekte bei der Integration von Unternehmensstrukturen

Die rechtlich zu beachtenden Aspekte bei der Integration der Unternehmensstruktur beschränken sich vorwiegend auf gesellschaftsrechtliche und arbeitsrechtliche Fragestellungen. Die Vorstellungen zur neuen Unternehmensstruktur müssen im Integrationsplan festgehalten werden. Um den Plan zu vervollständigen, müssen die rechtlichen Aspekte mit beachtet werden. Soweit möglich, sind die gesetzlichen Notwendigkeiten in den Integrationsplan aufzunehmen. Ist die Umsetzung rechtlich nicht möglich, muss eine Lösung gefunden werden, die dem Integrationsplan weitestgehend entspricht. Dabei sind die verschiedenen Integrationsziele mit den gesellschaftsrechtlichen Vorgaben zur Übernahme eines Unternehmens abzustimmen. Außerdem können geplante Umstrukturierungen ein Mitbestimmungsrecht der Arbeitnehmer auslösen, das ebenfalls im Integrationsplan zu beachten ist.

1. Gesellschaftsrechtliche Integration der Unternehmensstruktur

a) Veränderung der Unternehmensstruktur nach gesellschaftsrechtlichen Prinzipien

Wenn ein Unternehmen nicht in der bisherigen Gesellschaftsform, beispielsweise als alleinstehende GmbH, bestehen bleiben soll, ist diese gesellschaftsrechtliche Strukturänderung durch eine neue Abgrenzung zur Umwelt und die Änderung der gesellschaftsrechtlichen Unternehmensform in den Integrationsplan aufzunehmen. Eine solche Änderung betrifft den gesamten Prozess der Integration. Das macht es auf der Käuferseite unbedingt erforderlich, dass bereits während des Kaufprozesses ein Austausch zwischen dem Integrationsmanager und dem für den Kauf Hauptverantwortlichen statt findet, um die ideale Lösung zum Erwerb des Zielunternehmens auszuarbeiten, zum Beispiel ob der Kauf als Share oder Asset Deal getätigt wird. Für die Integration ist dabei in erster Linie von Bedeutung, ob lediglich die Erhaltung, teilweise Integration oder vollständige Integration angestrebt wird. Während die teilweise Integration nicht unbedingt eine gesellschaftsrechtliche Strukturänderung nach sich zieht, ist bei der vollständigen Integration eine gesellschaftsrechtliche Änderung meist unumgänglich. Sobald es zu gesellschaftsrechtlichen Strukturänderungen kommt, müssen von vornherein auch die Art des Unternehmenskaufs und seine Folgen für eine Integration bedacht werden.

Wie eingangs beschrieben gibt es grundsätzlich die Möglichkeit ein Unternehmen durch einen Asset oder Share Deal zu erwerben.[56] Dabei wird der Asset Deal aus Gründen der haftungsrechtlichen Beschränkung bevorzugt.[57] Dieser bietet auch die Möglichkeit, eine gewünschte gesellschaftsrechtliche Zielstruktur direkt im erwerbenden Unternehmen zu verwirklichen. Das erwerbende Unternehmen muss dafür die einzelrechtlich erworbenen Teile des Unternehmens auf eine vorher in der gewünschten Form gegründete Gesellschaft des Erwerberunternehmens übertragen.[58] Bei einem Share Deal, bei dem durch den Erwerb der Anteile an einem Unternehmen das gesamte Unternehmen übernommen wird, sind strukturelle Anpassungen vor allem durch das Umwandlungsgesetz (UmwG) möglich.[59]

b) Unternehmenszusammenschluss nach Gesamtrechtsnachfolgeprinzip des Umwandlungsrechts

Wurde ein Unternehmenskauf durch Share Deal verwirklicht und besteht die Notwendigkeit die Gesellschaftsstruktur zu ändern, so kann dies im Rahmen einer nach dem UmwG vorgesehenen Verschmelzung, Spaltung oder Vermögensübertragung geschehen. Genauso kann in Betracht kommen, dass ein Unternehmenskauf direkt nach den Bestimmungen des UmwG durchgeführt wird. Zusätzlich hält das Umwandlungsrecht die Möglichkeit bereit, lediglich einen Rechtsformwechsel vorzunehmen, der für strukturelle Änderungen von großer Bedeutung sein kann.

---

56 Vgl. B.I.1.
57 Hölters-*Bauer/von Steinau-Steinrück/Thees*, S. 397, 406.
58 *Beck/Klar*, DB 2007, 2819, 2820.
59 Vgl. *Beck/Klar*, DB 2007, 2819, 2820.

Dazu unterscheidet das Umwandlungsgesetz in § 1 UmwG die vier Umwandlungsarten: Verschmelzung, Spaltung, Vermögensübertragung und den Rechtsformwechsel. Alle Umwandlungsformen des UmwG gelten für Personenhandels- und Kapitalgesellschaften.[60] Die Aufzählung der Umwandlungsarten ist abschließend und andere Umwandlungsarten bedürfen einer gesetzlichen Regelung, wie die der einzelrechtlichen Übertragung.

Das UmwG sieht gem. §§ 5 Abs. 3, 126 Abs. 3 UmwG vor, dass ein Umwandlungsvertrag oder -plan spätestens einen Monat bevor die Anteilseigner der betroffenen Unternehmen über den Umwandlungsvertrag abstimmen den jeweiligen Betriebsräten zur Kenntnisnahme zugeht. Der Umwandlungsvertrag muss die Folgen für die Arbeitnehmer und ihrer Vertreter beinhalten. Dies betrifft nur unmittelbare Umstrukturierungen, da für zukünftige Maßnahmen das Betriebsverfassungsrecht den Arbeitnehmern weiterhin Mitbestimmungsrechte gewährt.[61] Es muss gegenüber dem Registergericht nachgewiesen werden, dass diese Pflicht erfüllt wurde. Falls diese nicht erfüllt wurde besteht ein Eintragungshindernis.

aa) Verschmelzung

Das UmwG enthält in den §§ 2 bis 122 UmwG, Vorgaben zum Verfahren der Verschmelzung. Bei der Verschmelzung wird das Vermögen des erworbenen Unternehmens als eine Einheit in das kaufende Unternehmen oder in ein neugegründetes Unternehmen überführt. Dafür erhalten die Inhaber des übertragenen Unternehmens Anteile am verschmolzenen Unternehmen, in dem das übertragende Unternehmen aufgegangen ist. Die Verschmelzung bietet die Möglichkeit den Unternehmenskauf direkt nach den Regeln des UmwG zu vollziehen oder für die Integration das durch einen Share Deal erworbene Unternehmen in das erwerbende Unternehmen nach dem Gesamtrechtsnachfolgeprinzip aufzunehmen.

Gem. § 4 Abs. 1 UmwG muss eine Verschmelzung durch Verschmelzungsvertrag von den rechtlichen Vertretern der beteiligten Unternehmen beschlossen werden. Der Verschmelzungsvertrag muss einige Mindestbestandteile beinhalten. Dazu zählen unter anderem Formalien wie die verschmelzenden Firmennamen oder Sitz der beteiligten Rechtsträger, § 5 Abs. 1 Nr. 1 UmwG. Auch die Vereinbarung zur Übertragung des Vermögens der übertragenden Firmen gegen die Übertragung von Anteilen an der übernehmenden Firma und das genaue

---

60 Picot[M&A]-*Picot*, S. 368, 391.
61 Picot[M&A]-*Picot*, S. 297, 322.

Tauschverhältnis müssen gem. § 5 Abs. 1 Nr. 2, 3 UmwG enthalten sein. Das Umtauschverhältnis ist wegen einer notwendigen aber regelmäßig unterschiedlichen Unternehmensbewertung oft nicht exakt bestimmbar. Das kann dazu führen, dass Umtauschverhältnisse wie beispielsweise ein Verhältnis von 1 : 2,39 entstehen, die im Tausch nicht leicht durchzuführen sind. Durch Barauszahlungen neben dem Anteilsaustausch ist es jedoch möglich ein leichter durchzuführendes Wertverhältnis, wie zum Beispiel 1 : 2,5, zu erreichen.[62]

Für die Integration ist besonders § 5 Abs. 1 Nr. 9 UmwG von Bedeutung. Dieser sieht die Nennung der Folgen einer Verschmelzung für Arbeitnehmer und ihre Vertreter vor. Dabei sind in erster Linie die unmittelbaren rechtlichen und wirtschaftlichen Folgen für das Arbeitsverhältnis aufzuführen.[63] Eine zusätzliche Nennung mittelbarer Folgen, zum Beispiel von personalstrukturellen Maßnahmen oder ähnlichem, hätte weitreichende Folgen für die Integration.[64] So wäre es notwendig, den gesamten Integrationsprozess bis ins kleinste Detail schon bei der Vertragsgestaltung zur Verschmelzung geplant zu haben. Dies hätte nicht nur Auswirkungen auf die Vorbereitungsintensität im Vorfeld der Verschmelzung, sondern auch auf die Flexibilität der Integration danach, da der Prozess frühzeitig festgeschrieben wäre. Eine solche Ausweitung der Nennung ist abzulehnen, vor allem weil es zu einer verlängerten Vorbereitungszeit führt und die Gefahr birgt, dass der detaillierte Plan wegen unvorhersehbarer Umstände schnell überholt ist, die Arbeitnehmer von den Informationen also nicht profitieren. Viel mehr sollen personelle Maßnahmen, die schon bei Unterzeichnung des Vertrages feststehen, offen gelegt werden, wie zum Beispiel ein Rahmensozialplan oder eine Veränderung der Arbeitnehmervertreterstruktur durch die Verschmelzung.[65] Außerdem verlangt § 5 Abs. 1 Nr. 9 UmwG, dass die Arbeitnehmer über die Folgen der Verschmelzung informiert werden. Dies wird dadurch ermöglicht, dass der gesamte Verschmelzungsvertrag gem. § 5 Abs. 3 UmwG dem zuständigen Betriebsrat übergeben wird. Dies soll spätestens einen Monat vor der Versammlung der Anteilsinhaber geschehen.

Wenn dem Verschmelzungsvertrag noch die Gesellschafter zustimmen müssen und eine Zustimmung ungewiss ist, ist es auch möglich zuerst einen Entwurf des Verschmelzungsvertrags zu formulieren um Beurkundungskosten zu

---

62 Schmitt/Hörtnagl/Stratz-*Stratz*, UmwG § 5 Rn. 55.
63 ErfK-*Oetker*, UmwG § 5 Rn. 3.
64 Vgl. für Nennung von mittelbaren Folgen: *Joost*, ZIP 1995, 976, 979.
65 Lutter-*Lutter/Drygala*, § 5 Rn. 71 ff.; KölnK-UmwG-*Hohenstatt/Schramm*, § 5 Rn. 146; ErfK-*Oetker*, UmwG § 5 Rn. 3 f.

sparen.[66] Wurde dieses Instrument genutzt, muss gem. §§ 4 Abs. 2, 122c Abs. 2 UmwG nach Zustimmung der Gesellschafter der Verschmelzungsvertrag den selben Inhalt wie der Entwurf aufweisen, lediglich redaktionelle Änderungen sind noch zulässig.

Wenn die Anteilseigner einer Verschmelzung mehrheitlich zugestimmt haben, müssen die Vertretungsorgane der beteiligten Gesellschaften die Verschmelzung im jeweiligen Handelsregister gem. § 16 Abs. 1 S. 1 UmwG eintragen lassen. Bei der Anmeldung müssen Verschmelzungsvertrag und Zustimmungsbeschlüsse eingereicht werden. Die Eintragung hat gem. § 20 UmwG mehrere Wirkungen, so geht nach § 20 S. 1 UmwG mit Eintragung das gesamte Vermögen einschließlich der Verbindlichkeiten auf das übernehmende Unternehmen über. Nach der Übertragung des Vermögens erlischt gem. § 20 S. 2 UmwG das übertragende Unternehmen und die Anteilseigner des übertragenden Unternehmens werden nach § 20 S. 3 UmwG Anteilseigner des Unternehmens, auf das das Vermögen übergegangen ist.

bb) Spaltung

Die Unternehmensspaltung als weitere Form der Umwandlung wird in den §§ 123–173 UmwG geregelt. Es werden drei Arten von Spaltungen unterschieden: Aufspaltung, Abspaltung und Ausgliederung.

Die Aufspaltung sieht vor, dass sich gem. § 123 Abs. 1 UmwG das ursprüngliche Unternehmen vollständig auflöst, indem es im Zuge der Sonderrechtnachfolge sein gesamtes Vermögen auf mehrere andere Unternehmen überträgt. Im Gegenzug werden den Anteilsinhabern des ursprünglichen Unternehmens Anteile an den übernehmenden Unternehmen gewährt. Die Abspaltung hingegen sieht vor, dass gem. § 123 Abs. 2 UmwG nur ein oder mehrere Teile des ursprünglichen Unternehmens übertragen werden, das Unternehmen selbst aber weiterhin bestehen bleibt. Bei der Übertragung des Vermögensteils handelt es sich meist um einen oder mehrere Betriebe.[67] Zum Ausgleich werden den Anteilsinhabern des ursprünglichen Unternehmens Anteile an dem übernehmenden Unternehmen übertragen. Eine Ausgliederung gem. § 123 Abs. 3 UmwG unterscheidet sich von der Abspaltung nur bezüglich der Personen(gruppe/n), die den Gegenwert der Übertragung erhält. Während bei der Abspaltung die Anteilseigner den Gegenwert erhalten, ist es bei der Ausgliederung das übertragende Unternehmen selbst.

---

66 *Kuhlmann/Ahnis*, § 8 V 1 Rn. 950.
67 Picot[M&A]-*Picot*, S. 368, 394.

Auch für die verschiedenen Spaltungsformen bedarf es eines Spaltungs- bzw. Übernahmevertrags, § 126 UmwG. Die Vorschriften dieses Vertrages gleichen denen der Verschmelzung, so wird auch hier gem. § 126 Abs. 1 Nr. 9 UmwG verlangt, die Folgen der Spaltung für Arbeitnehmer und Arbeitnehmervertreter zu benennen. Genauso verhält es sich mit der Frist, die gem. § 126 Abs. 3 UmwG eine Vorlage des Spaltungs- bzw. Übernahmevertrages gegenüber dem zuständigen Betriebsrat vorsieht. Die Vorlage muss auch hier einen Monat vor der Versammlung der Anteilsinhaber, die über die Spaltung abstimmen, erfolgen.

cc) Vermögensübertragung

Die Vermögensübertragung ist die dritte Form der Umwandlung bei der es zu einem tatsächlichen Vermögenstransfer kommt. Gem. den §§ 174–189 UmwG sieht die Vermögensübertragung auch eine Übertragung des Unternehmensvermögens vor, jedoch unterscheidet sich die Gegenleistung von der Gegenleistung für das Unternehmensvermögen bei Spaltung und Verschmelzung.

So ermöglicht § 174 Abs. 1 UmwG eine vollständige Vermögensübertragung im Rahmen der Gesamtrechtsnachfolge. Während § 174 Abs. 1 UmwG von einer Gesamtübertragung spricht, ermöglicht § 174 Abs. 2 UmwG auch die Übertragung von Unternehmensteilen, wie sie bei Abspaltung, Ausgliederung und Aufspaltung möglich ist. Als Gegenleistung ist dabei jedoch nicht die Gewährung von Unternehmensanteilen am übernehmenden Unternehmen vorgesehen, sondern viel mehr jeder andere Vermögenswert. Das können neben Bargeld auch Anteile an anderen Unternehmen sein, was besonders bei Kooperationen von Bedeutung ist.[68]

Allerdings ist Vermögensübertragung gem. § 175 Abs. 1 UmwG nur möglich, wenn der erwerbende Rechtsträger der Bund, Länder oder Gebietskörperschaften sind. Gleiches gilt gem. § 175 Abs. 2 UmwG nur für Versicherungsunternehmen, denen dieselbe Umwandlungsmöglichkeit eingeräumt werden soll.

dd) Rechtsformwechsel

Der Rechtsformwechsel bildet die vierte Form der Umwandlung. Er ermöglicht einem Unternehmen die Rechtsform und damit auch die rechtliche Struktur zu wechseln. Geregelt wird der Rechtsformwechsel in den §§ 190–304 UmwG.

---

68 Für Bargeld: Picot[M&A]-*Picot*, S. 368, 396; Für weitere Geldwerte Vorteile: Henssler/Strohn-*Decker*, UmwG § 174 Rn. 3; Lutter-*Schmidt*, § 174 Rn. 7; a.A.: Semler/Stengel-*Fonk* § 174 Rn. 20.

Es ist möglich, gem. § 190 Abs. 1 UmwG, eine Wandlung der Rechtsform ohne einen Identitätsverlust vorzunehmen. Einen Rechtsformwechsel können gem. § 191 Abs. 1 UmwG Personenhandelsgesellschaften, Partnerschaftsgesellschaften, Kapitalgesellschaften, eingetragene Genossenschaften, rechtsfähige Vereine, Versicherungsvereine auf Gegenseitigkeit, Körperschaften und Anstalten des öffentlichen Rechts vornehmen. Sie können sich gem. § 191 Abs. 2 UmwG in die Rechtsformen einer Gesellschaft des bürgerlichen Rechts, einer Personenhandelsgesellschaft, einer Partnerschaftsgesellschaft, einer Kapitalgesellschaft oder einer eingetragenen Genossenschaft wandeln. Nicht geregelt werden Umwandlungen, die bereits in anderen gesetzlichen Vorschriften geregelt sind, wie beispielsweise die im Handelsrecht geregelte identitätswahrende Wandlung einer OHG zu einer KG und umgekehrt oder der Wandel einer Personenhandelsgesellschaft in eine Gesellschaft des bürgerlichen Rechts.[69]

Für den Unternehmenskauf und die Integration ist dieser Vorgang aus verschiedenen Gründen bedeutend. So ermöglicht ein Rechtsformwechsel von einer Kapitalgesellschaft in eine Personengesellschaft Steuervorteile, die es ermöglichen, den Kauf günstiger zu gestalten.[70] Weiterhin müssen die Gründungsvorschriften der neuen Rechtsform beachtet werden. So kann es dazu kommen, dass ein Aufsichtsrat notwendig wird oder ein bestehender Aussichtsrat Veränderungen unterliegt.[71] Besonders die Veränderungen bei der Führungsstruktur des neuen Unternehmens müssen wie andere Strukturfragen für den Integrationsprozess beachtet werden.

2. Mitbestimmungsrechte bei Unternehmensumstrukturierung

a) Mitbestimmung bei Umstrukturierung als Folge der Integration

Wie oben bereits aufgeführt, kommt es beim Unternehmenskauf und der daraus folgenden Integration von Unternehmensstrukturen zu Veränderungen des Organisationsaufbaus.[72] Diese Änderungen können zwei Ebenen betreffen: die Unternehmensebene und die Betriebsebene. Eventuelle Veränderungen in der Struktur der Arbeitnehmervertreter und durch die Integration hervorgerufene Mitbestimmungsrechte müssen im Integrationsplan aufgeführt werden. Deshalb muss ein Integrationsplan im Falle von Mitspracherechten der

---

69 Picot[Restrukturierung]-*Karsten Müller-Eising*, S. 323, 559.
70 Beisel/Klumpp-*Beisel*, 6. Kapitel Rn. 88 ff.; Picot[Restrukturierung]-*Karsten Müller-Eising*, S. 323, 560.
71 Vgl. Picot[Restrukturierung]-*Karsten Müller-Eising*, S. 323, 567.
72 Vgl. C.I.

Arbeitnehmervertreter weiterhin die Flexibilität besitzen, Vorschläge von selbigen einarbeiten zu können.

Ein Unternehmenskauf führt in erster Line zu einer Strukturänderung auf Unternehmensebene. So können neue Gesellschafter auftreten oder Arbeitsverhältnisse gem. § 613a BGB auf den Erwerber übergehen, wenn der gesamte Betrieb oder Betriebsteile übernommen wurden.[73] Dies hat grundsätzlich keine Auswirkungen auf die Mitbestimmung, wenn wie beispielsweise bei einem Share Deal durch einen reinen Gesellschafterwechsel alles so bleibt wie es war.[74] Auch ein Mitspracherecht aus § 111 BetrVG ist nicht ersichtlich, da es sich bei einem solchen Gesellschafterwechsel um keine Form der Betriebsänderung handelt.[75]

Es muss sowohl beim Share Deal als auch beim Asset Deal die Unterrichtungspflicht des Wirtschaftsausschusses nach § 106 Abs. 3 Nr. 9a BetrVG beachtet werden. Die Mitglieder des Wirtschaftsausschusses werden vom Betriebsrat bestimmt, der Ausschuss berät mit dem Unternehmen wirtschaftliche Angelegenheiten und informiert den Betriebsrat darüber.[76] Die Unterrichtung des Wirtschaftsausschusses muss dann vorgenommen werden, wenn mit dem Erwerb des Unternehmens auch die Leitungsmacht und damit die Kontrolle über das Unternehmen erworben wird.[77] In diesem Fall schreibt § 106 Abs. 2 BetrVG vor, dass eine Unterrichtung rechtzeitig und umfassend erfolgen muss. Rechtzeitig bedeutet in diesem Zusammenhang, dass der Wirtschaftsausschuss über die Maßnahme so früh unterrichtet wird, dass es ihm noch möglich ist darüber zu beraten bevor die Maßnahme durchgeführt wird.[78] Es muss im Rahmen der Unterrichtung besonders auf den Erwerber, seine zukünftigen Absichten für das Unternehmen und die daraus resultierenden Auswirkungen für die Arbeitnehmer eingegangen werden, § 106 Abs. 2 S. 2 BetrVG.

Weiterhin muss bei Änderungen auf Unternehmensebene der Mitbestimmungsstatus beachtet werden. So kann die Integration eines Unternehmens in einen Konzern dazu führen, dass die Mitarbeiterzahl steigt und eine Angleichung der Arbeitnehmervertreter erfolgen muss.[79] So gilt für Unternehmen, die die Rechtsform einer AG, KGaA, GmbH, e.G. oder VVaG haben, dass der Aufsichtsrat dann, wenn die Unternehmen mehr als 500 und weniger als 2000

---

73 *Maschmann*, NZA-Beilage 2009, 32, 33.
74 *Maschmann*, NZA-Beilage 2009, 32, 33.
75 Vgl. *Fitting*, § 111 Rn. 56.
76 ErfK-*Kania*, BetrVG § 106 Rn. 1.
77 Hölters-*Bauer/von Steinau-Steinrück/Thees*, Teil V Rn. 5.
78 Richardi-*Annuß*, BetrVG § 106 Rn. 24.
79 Hölters-*Bauer/von Steinau-Steinrück/Thees*, Teil V Rn. 6.

Mitarbeiter haben, zu einem Drittel mit Arbeitnehmervertretern besetzt werden muss, §§ 4 Abs. 1, 1 Abs. 1 DrittelbG. Beim Unternehmenskauf durch einen Share Deal werden die Arbeitnehmer des gekauften Unternehmens nach dem DrittelbG nur dann zum erwerbenden Unternehmen hinzugezählt, wenn zwischen dem erworbenen und dem erwerbenden Unternehmen ein Beherrschungsvertrag besteht.[80] Eine weitere Grenze wird überschritten sobald ein Unternehmen mehr als 2000 Mitarbeiter hat. Dann muss der Aufsichtsrat paritätisch aus Arbeitnehmer- und Anteilseignervertretern bestehen, §§ 1 Abs. 1, 7 MitbestG.

b) Mitbestimmung bei Umstrukturierung auf Betriebsebene

aa) Mitbestimmung bei Auswirkung auf den gesamten Betrieb

Grundsätzlich unterliegen Änderungen des Betriebs, beispielsweise über Stilllegung, Verlegung oder neuen Organisationsaufbau, der freien Entscheidung des Unternehmers.[81] Eine Verhinderung der geplanten Maßnahmen von Seiten der Arbeitnehmer ist aus diesem Grund nicht möglich. Jedoch bestimmt § 111 BetrVG, dass ein Unternehmen den Betriebsrat zu unterrichten hat und räumt dem Betriebsrat gleichzeitig auch ein Beratungsrecht ein, wenn bei betriebsändernden Maßnahmen wesentliche Nachteile für die Arbeitnehmer oder einen erheblichen Teil der Arbeitnehmer entstehen. Wenn eine Betriebsänderung im Sinne von § 111 BetrVG vorliegt, bestimmt § 112 BetrVG die einzelnen Beteiligungsrechte, die dem Betriebsrat ermöglichen einen Interessenausgleich zu beschließen oder wenn nötig einen Sozialplan zu erzwingen.[82] Im Folgenden soll nun untersucht werden, in welchen Fällen ein Beteiligungsrecht des Betriebsrats besteht.

(1) Voraussetzung für eine Mitbestimmung bei Betriebsänderung

Das Betriebsverfassungsrecht sieht nur bei einer vorgegebenen Mindestgröße eines Unternehmens die Notwendigkeit einer Mitbestimmung durch den Betriebsrat. So besagt § 111 S. 1 BetrVG, dass ein Unternehmen mindestens 20 wahlberechtigte Arbeitnehmer beschäftigen muss, damit dem Betriebsrat ein Unterrichtungs- und Beratungsrecht zusteht. Fraglich ist in diesem Zusammenhang, ob die Anzahl sich auf die Personen im Betrieb oder im Unternehmen bezieht, da die Änderungen auch lediglich Personen in einem Betrieb des Unternehmens betreffen können. Die Formulierung „in Unternehmen", die sich von

---

80 Picot[Restrukturierung]-*Henssler*, S. 985, 1065.
81 Vgl. *Fitting*, § 111 Rn. 5; *Zöllner/Loritz/Hergenröder*, S. 552.
82 *Zöllner/Loritz/Hergenröder*, S. 552.

der alten Version des § 111 BetrVG, der noch von „Betrieb" sprach, unterscheidet, besagt eindeutig, dass es um die Gesamtzahl der Arbeitnehmer im Unternehmen und nicht im Betrieb geht.[83] Ziel der Regelung ist es, nur kleinen Unternehmen die entstehenden Kosten von Interessenausgleichen oder Sozialplänen zu ersparen, nicht jedoch Unternehmen bei denen nur in einzelnen Betrieben wenige Arbeitnehmer arbeiten.[84]

Die Beteiligungsrechte sind neben der Größe des Unternehmens auch vom Bestehen eines Betriebsrats abhängig. So ist es nicht ausreichend, genügend wahlberechtigte Arbeitnehmer im Unternehmen zu haben, es muss viel mehr auch ein Betriebsrat im von der Betriebsänderung betroffenen Betrieb existieren.[85] Falls kein Betriebsrat existieren sollte, so reicht gem. § 50 Abs. 1 S. 1 Halbs. 2 BetrVG auch die Zuständigkeit eines Gesamtbetriebsrats aus. Nicht ausreichen würde allerdings, wenn ein Betriebsrat erst nach einer Betriebsänderung gegründet werden würde.[86]

(2) Arten von Betriebsänderungen nach § 111 BetrVG

Eine Betriebsänderung ist besonders dann nötig, wenn der Unternehmenskauf durch einen Asset-Deal erfolgt. Der Wechsel des Eigentümers bei einem Share Deal oder die Unternehmensumwandlung nach dem Umwandlungsrecht bilden keine Änderung des Betriebes, sodass keine Beteiligungsrechte des Betriebsrats gem. § 111 BetrVG entstehen.[87] § 111 S. 3 BetrVG unterscheidet fünf Arten der Betriebsänderung: die Einschränkung bzw. Stilllegung von Betrieben oder Betriebsteilen, die Verlegung, den Zusammenschluss bzw. die Spaltung, die grundlegende Änderung der Betriebsorganisation und die Einführung von grundlegend neuen Arbeitsmethoden und Fertigungsverfahren.

(a) Stilllegung bzw. Einschränkung gem. § 111 S. 3 Nr. 1 BetrVG

Die Stilllegung eines Betriebs zeichnet sich durch die Auflösung von Betriebs- und Produktionsgemeinschaften aus. Diese Auflösung muss für eine unbestimmte und wirtschaftlich nicht unerhebliche Zeit erfolgen, damit von Stilllegung gesprochen werden kann.[88] Die Betriebseinschränkung zeichnet sich im Gegensatz

---

83 Däubler/Kitttner/Klebe/Wedde-*Däubler*, BetrVG § 111 Rn. 32; *Fitting*, § 111 Rn. 19.
84 BT-Drucks. 14/5741, S. 51; *Fitting*, § 111 Rn. 19.
85 *Fitting*, § 111 Rn. 33.
86 Vgl. *Fitting*, § 111 Rn. 33 f.; für eine Unterrichtung falls Betriebsänderung noch in Planung: Däubler/Kittner/Klebe/Wedde-*Däubler*, BetrVG § 111 Rn. 154.
87 Picot[Restrukturierung]-*Henssler*, S. 985, 1051; *Fitting*, § 111 Rn. 56 f.
88 BAG v. 21.6.01 – 2 AZR 137/00.

zur Stilllegung nur durch eine Verringerung der Leistungsfähigkeit des Betriebs aus, die an der Verringerung von Betriebsmitteln und Arbeitnehmern erkennbar ist.[89] Eine Verringerung der Leistung von Betriebsanlagen reicht nicht aus.[90] Ob es im Zuge eines Unternehmenskaufs zu Stilllegung oder Einschränkung kommt ergibt sich aus der Anzahl der Entlassungen. Bei der Betrachtung der ausscheidenden Arbeitnehmer sind sowohl Kündigungen von Arbeitnehmer- und Arbeitgeberseite als auch Aufhebungsverträge zu berücksichtigen. Die Entlassungen müssen zudem auf einen unternehmerischen Gesamtplan zurückzuführen sein. Von einem solchen Gesamtplan wird ausgegangen, wenn Entlassungswellen innerhalb weniger Wochen oder Monate stattfinden.[91]

(b) Verlegung gem. § 111 S. 3 Nr. 2 BetrVG

Eine für den Unternehmenskauf bedeutende Betriebsänderung liegt auch vor, wenn Betriebe oder wesentliche Betriebsteile verlegt werden. Eine Verlegung stellt jede nicht geringfügige örtliche Veränderung des Betriebsstandorts dar.[92] Dabei reicht eine Standortänderung innerhalb einer Stadt oft schon aus. Eine örtliche Veränderung von 4,3 km wird als ausreichend angesehen um eine Betriebsverlegung anzunehmen.[93]

Bei der Integration ist die Verlegung besonders bedeutend, da die Integration zur Ausnutzung von Synergieeffekten regelmäßig plant, ganze Betriebe oder wesentliche Betriebsteile an den Standort des erwerbenden oder erworbenen Unternehmens umzusiedeln.

(c) Zusammenschluss und Spaltung gem. § 111 S. 3 Nr. 3 BetrVG

Des Weiteren stellen Spaltung oder Zusammenschluss eine Betriebsänderung gem. § 111 S. 3 Nr. 3 BetrVG dar. Bei einer Spaltung muss die Absicht bestehen, einen vormals einheitlichen Betrieb in zwei oder mehr selbstständige Teile aufzuspalten.[94] Bei einem Zusammenschluss geschieht das Gegenteil, hier wird aus vormals zwei selbständigen Teilen eine Einheit. In beiden Fällen kommt es vor allem auf die neue Betriebsleitung an, so muss sich diese bei einem Zusammenschluss bündeln, bei einer Spaltung hingegen müssen beide Teile eine

---

89 BAG NZA 1993, 1142, 1142.
90 Vgl. *Fitting*, § 111 Rn. 72.
91 BAG v. 28.03.2006 – 1 ABR 5/05.
92 Picot[Restrukturierung]-*Hensler*, S. 985, 1051; *Fitting*, § 111 Rn. 81; Däubler/Kittner/Klebe/Wedde-*Däubler*, BetrVG § 111 Rn. 87.
93 BAG v. 17.8.82 – 1 ABR 40/80.
94 Vgl. Picot[Restrukturierung]-*Hensler*, S. 985, 1052.

eigene Leitung erhalten.[95] Anders als bei den beiden vorgenannten Fällen der Stilllegung und Einschränkung bzw. Verlegung, besteht bereits durch einen Zusammenschluss oder eine Spaltung von unwesentlichen Betriebsteilen ein Beteiligungsrecht.[96] Besonders muss hier auf eine Unterscheidung der Begriffe der Verschmelzung und Spaltung im Umwandlungsrecht geachtet werden, deren Zweck eine rechtliche Verselbstständigung von Unternehmensteilen ist bzw. eine Zusammenführung von rechtlich selbstständigen Unternehmen.[97] Änderungen des Organisationsaufbaus eines Unternehmens, bei dem einzelne Abteilungen oder Unterabteilungen zusammen gelegt werden sollen, zählen nicht zu Betriebsänderungen nach § 111 S. 3 Nr. 3 BetrVG.[98]

(d) Änderungen der Betriebsorganisation gem. § 111 S. 3. Nr. 4 BetrVG

Die Beteiligungsrechte nach § 111 S. 1 BetrVG werden beim Unternehmenskauf wohl praktisch am häufigsten durch grundlegende Änderung der Betriebsorganisation, des Betriebszwecks oder der Betriebsanlagen ausgelöst. Während es kurz nach dem Unternehmenskauf selten zu einer Änderung des Betriebszwecks oder der Betriebsanlagen kommen wird, ist eine Änderung der Betriebsorganisation sehr wahrscheinlich.

Eine Betriebsorganisation bildet den Aufbau ab, mit dem es einem Betrieb möglich ist zu produzieren. Von besonderer Bedeutung ist, wie Arbeitnehmer koordiniert werden.[99] So stellt der Aufbau einer Betriebsorganisation in Hinblick auf Verantwortung und Zuständigkeiten eine Betriebsorganisation im Sinn des § 111 S. 3 Nr. 4 BetrVG dar.[100] Eine Veränderung der Betriebsorganisation kann beim Unternehmenskauf vor allem durch Änderungen in der Hierarchiestruktur hervorgerufen werden. Denkbar ist auch ein Umbau der Organisation von einer normalen Leitstruktur zu einer Matrixstruktur. Bei der Leitstruktur untersteht eine Abteilung immer einer weisungsbefugten Stelle, während bei der Matrixstruktur die Leitung auf zwei unabhängige Dimensionen verteilt wird. Damit dem Betriebsrat ein Beteiligungsrecht nach § 111 S. 3 Nr. 4 BetrVG zusteht, muss eine Änderung der Betriebsorganisation zusätzlich grundlegend sein. Das bedeutet, dass Änderungen eine einschneidende Wirkung auf den Betriebsablauf,

---

95 GK-*Oetker*, BetrVG § 111 Rn. 128; Däubler/Kittner/Klebe/Wedde-*Däubler*, BetrVG § 111 Rn. 93 f.
96 BAG NZA 2008, 957, 958.
97 Däubler/Kittner/Klebe/Wedde-*Däubler*, BetrVG § 111 Rn. 95.
98 Vgl. Richardi-*Annuß*, BetrVG § 111 Rn. 106.
99 Däubler/Kittner/Klebe/Wedde-*Däubler*, BetrVG § 111 Rn. 105.
100 Richardi-*Annuß*, BetrVG § 111 Rn. 108.

die Arbeitsweise und Arbeitsbedingungen der Arbeitnehmer haben müssen.[101] Außerdem führt eine grundlegende Änderung innerhalb von Betriebsabteilungen zu einem Beteiligungsrecht nach § 111 S. 3 Nr. 4 BetrVG.[102]

(e) Einführung neuer Arbeitsmethoden und Fertigungsverfahren gem. § 111 S. 3 Nr. 5 BetrVG

Die durch § 111 S. 3 Nr. 5 BetrVG eingeräumten Beteiligungsrechte beziehen sich auf die Einführung neuer Arbeitsmethoden und Fertigungsmethoden. Als solche ist besonders die Einführung von neuen Arbeitsmethoden nach dem Unternehmenskauf interessant, problematisch ist jedoch eine Abgrenzung zur Änderung der Betriebsorganisation gem. § 111 S. 3 Nr. 4 BetrVG.[103] Unter Arbeitsmethode versteht man eher die Art und Weise wie Aufgaben erledigt werden sollen.[104] Zu Arbeitsmethoden zählt zum Beispiel die Einführung technischer Hilfsmittel. Als „Einführung" im Sinne des § 111 S. 3 Nr. 5 BetrVG sind nur Vorgänge zu verstehen, die eine Neueinführung darstellen; nur eine Änderung der vorhandenen Methoden reicht nicht aus um ein Beteiligungsrecht des Betriebsrats auszulösen.[105]

(3) Folgen durch Interessenausgleich und Sozialplan

(a) Interessenausgleich

Der § 112 BetrVG sieht vor, dass der Betriebsrat bei einer Betriebsänderung im Sinne von § 111 BetrVG über einen Interessenausgleich mit dem Unternehmen verhandelt. Dabei sollen die „Veränderungsinteressen" des Unternehmens und die „Bestandsinteressen" der Arbeitnehmer in Einklang gebracht werden.[106] Ziel ist es, für die Durchführung einer Betriebsänderung, dass „ob", „wie" und „wann" zu klären.[107] Ein Interessenausgleich kann Folgevereinbarungen beinhalten, die das Unternehmen rechtlich binden. Solche Vereinbarungen können beispielsweise Standort- oder Arbeitsplatzgarantien sein.[108]

---

101 Picot[Restrukturierung]-*Henssler*, S. 985, 1052.
102 Däubler/Kittner/Klebe/Wedde-*Däubler*, BetrVG § 111 Rn. 105.
103 Picot[Restrukturierung]-*Henssler*, S. 985, 1053.
104 Richardi-*Annuß*, BetrVG § 111 Rn. 120.
105 *Fitting*, § 111 Rn. 100.
106 *Siemes*, ZfA 1998, 183.
107 *Fitting*, § 112 Rn. 2.
108 Picot[Restrukturierung]-*Henssler*, S. 985, 1054.

Kommt es zu keiner Einigung, können beide Seiten die Bundesagentur für Arbeit ersuchen als Vermittler zu agieren, § 112 Abs. 2 BetrVG. Wenn dieser Versuch erfolglos bleibt oder keine Seite die Bundesagentur angerufen hat, muss die Einigungsstelle angerufen werden.[109] Auch wenn der Arbeitgeber nicht zu einem Interessenausgleich gezwungen werden kann,[110] so ist er dennoch verpflichtet die Einigungsstelle nach ausreichenden Verhandlungen anzurufen, da ihn ansonsten Nachteilsausgleichzahlungspflichten aus § 113 BetrVG treffen.[111] Vor der Einigungsstelle können die gleichen Argumente vorgetragen werden wie bei den vorhergehenden Verhandlungen. Ein Scheitern der Verhandlungen, das von beiden Seiten erklärt werden muss, hat zu Folge, dass das Unternehmen keine Nachteilsausgleichszahlungspflichten aus § 113 Abs. 3 BetrVG treffen.[112] Somit ist es im Interesse des Betriebsrats an der Verhandlung aktiv teilzunehmen um wenigstens eine geringe Verbesserung für die Arbeitnehmer zu erzielen. Gleichzeitig bietet sich hier die Möglichkeit für das Unternehmen, bei den Arbeitnehmern durch gute Kommunikation der Integrationsmaßnahmen um Verständnis zu werben. Zugeständnisse können beispielsweise vom Unternehmen oder der im Rahmen des SGB III von der Bundesagentur für Arbeit bezahlte Weiterbildungs- und Umschulungsmaßnahmen für Arbeitnehmer sein.[113]

Wenn ein Interessensausgleich beschlossen wird, hat er den Charakter einer Kollektivvereinbarung. Diese bindet das Unternehmen insofern, als die Betriebsänderungen so durchgeführt werden müssen, wie es im Interessenausgleich vorgesehen ist.[114] Von dem Interessenausgleich ohne Nachteilsausgleichungen gem. § 113 BetrVG abzuweichen ist für das Unternehmen nur möglich, wenn diese Abweichungen mit zwingendem Grund erfolgen.[115]

(b) Interessensausgleich mit Namensliste gem. § 1 Abs. 5 KSchG

Bei betriebsbedingten Kündigungen ist regelmäßig eine Sozialauswahl zu tätigen. Um Rechtsunsicherheiten von betriebsbedingten Kündigungen aufgrund fehlerhafter Sozialauswahl zu vermeiden, bietet der Gesetzgeber eine weitere Möglichkeit der Mitbestimmung bei Kündigungen im Rahmen von

---

109 Däubler/Kittner/Klebe/Wedde-*Däubler*, BetrVG § 112 Rn. 6.
110 Richardi-*Annuß*, BetrVG § 112 Rn. 23.
111 BAG v. 18.12.1984 – 1 AZR 176/82.
112 *Fitting*, § 112 Rn. 42.
113 Moll-*Liebers*, § 57 Rn. 58.
114 Däubler/Kittner/Klebe/Wedde-*Däubler*, BetrVG § 112 Rn. 24 ff.; *Fitting*, § 112 Rn. 44.
115 *Fitting*, § 112 Rn. 43.

Betriebsänderungen.[116] So kann der Betriebsrat im Rahmen von Umstrukturierungen auch nach den Regeln des § 1 Abs. 5 KSchG am Kündigungsprozess beteiligt werden.

§ 1 Abs. 5 S. 1 KSchG setzt voraus, dass eine Betriebsänderung im Sinne von § 111 BetrVG geplant ist und es zu einem Interessenausgleich zwischen Arbeitgeber und Betriebsrat kommt. Der Interessenausgleich enthält eine vollständige Namensliste der Arbeitnehmer, denen gekündigt werden soll.[117] Aus der Namensliste muss eindeutig hervorgehen, welchen Arbeitnehmern gekündigt werden soll und ob es sich jeweils um eine Änderungs- oder Beendigungskündigung handelt.[118] Infolge des Interessenausgleichs mit Namensliste wird vermutet, dass die Kündigungen gegenüber den auf der Namensliste genannten Arbeitnehmern durch dringende betriebliche Erfordernisse bedingt sind, § 1 Abs. 5 S. 1 KSchG. Außerdem kann die Sozialauswahl gem. § 1 Abs. 5 S. 2 KSchG nur auf grobe Fehlerhaftigkeit überprüft werden.

Kündigungen beim Interessenausgleich mit Namensliste gem. § 1 Abs. 5 KSchG haben zum einen den Vorteil der Rechtssicherheit, da die Geltendmachung des individualrechtlichen Kündigungsschutzes beschränkt wird.[119] Zum anderen wird der Betriebsrat in Betriebsänderungen verstärkt einbezogen, da ein Interessenausgleich nur bei Einvernehmen zustande kommt.[120] Der Interessenausgleich mit Namensliste ermöglicht weiterhin, dass der Betriebsrat nach Abschluss des Interessenausgleichs sicher sein kann, dass es im Zuge der Betriebsänderung nicht zu weiteren Kündigungen kommt, da die Liste abschließend sein muss.[121]

(c) Sozialplan

Bei Betriebsänderungen sieht das BetrVG neben einem Interessenausgleich die Vereinbarung eines Sozialplans vor, der bei einer für den Arbeitnehmer nachteiligen Betriebsänderung grundsätzlich notwendig ist. Die Verpflichtung einen Sozialplan zu erstellen besteht auch dann, wenn ein Interessenausgleich bereits vereinbart wurde.[122] Wie beim Interessenausgleich sieht das Gesetz auch beim Sozialplan vor, dass es zu einer Einigung zwischen Betriebsrat und Unternehmen

---

116 Ascheid/Preis/Schmidt-*Kiel*, KSchG § 1 Rn. 792.
117 ErfK-*Oetker*, KSchG § 1 Rn. 360a.
118 MüKo-*Hergenröder*, KSchG § 1 Rn. 388 f.
119 Ascheid/Preis/Schmidt-*Kiel*, KSchG § 1 Rn. 793.
120 *Löwisch*, NZA 2003, 689, 692.
121 ErfK-*Oetker*, KSchG § 1 Rn. 360a.
122 GK-*Oetker*, BetrVG § 112 Rn. 137.

kommen soll. Dieser soll gem. § 112 Abs. 1 S. 2 BetrVG wirtschaftliche Nachteile der Betriebsänderung ausgleichen oder abmildern. Sollte eine Einigung zwischen Unternehmen und Betriebsrat zu einem Sozialplan ausbleiben, entscheidet die Einigungsstelle über einen Sozialplan gem. § 112 Abs. 4 BetrVG. Die Einigungsstelle hat beim Entwerfen eines Sozialplans jedoch weniger Handlungsalternativen als die Betriebsparteien.

Die Verfahren zur Erarbeitung eines Interessenausgleichs und eines Sozialplans ähneln sich. Deshalb werden beide Verfahren oft miteinander verbunden. Dies ist besonders deshalb von Vorteil, weil ein Sozialplan besser ausgearbeitet werden kann, wenn bestimmt ist, wie eine Betriebsänderung durchgeführt wird.[123] Gleichzeitig kann der finanzielle Aspekt des Sozialplans, der bei einem verbundenen Verfahren direkt deutlich wird, es auch ermöglichen die Entscheidungen des Unternehmens zu beeinflussen. Der Sozialplan soll nicht bisher Erhaltenes ausgleichen, vielmehr zielt der Sozialplan auf eine zukunftsorientierte Ausgleichs- und Überbrückungsfunktion ab.[124] Dazu sollen wirtschaftliche Nachteile, wie beispielsweise bei einer Betriebsänderung gestrichene Sonderleistungen oder verringerte Altersvorsorge, ausgeglichen oder abgemildert werden. Nicht auszugleichen sind immaterielle Beeinträchtigungen wie der Verlust von Kundenkontakten oder ähnlichem.[125] Alle getroffenen Vereinbarungen müssen geltendes Recht beachten, vor allem den betrieblichen Gleichbehandlungsgrundsatz gem. § 75 Abs. 1 BetrVG und das Allgemeine Gleichbehandlungsgesetz.[126]

Von der Erzwingbarkeit eines Sozialplans kann nur in Ausnahmen abgesehen werden. Diese werden in § 112a BetrVG beschrieben. So ist vor allem bei einem geplanten reinen Personalabbau, der die in § 112a Abs. 1 BetrVG benannten Grenzen überschreitet, ein Sozialplan notwendig. Außerdem bedarf es gem. § 112a Abs. 2 BetrVG keines Sozialplans, wenn ein Unternehmen noch nicht länger als vier Jahre besteht. Durch diese Ausnahmen sollen neu gegründeten Unternehmen Änderungen erleichtert werden.

Für die Umstrukturierung und die Integration haben Interessenausgleich und Sozialplan erhebliche Bedeutung. Sie zeigen zum einen Konfrontationspunkte auf, die oft nach dem Erwerb eines Unternehmens aufkommen. Gleichzeitig bietet sich die Möglichkeit, die Arbeitnehmer „an die Hand zu nehmen" und gemeinsam den Integrationsprozess zu beschreiten. Während bei einer reinen

---

123 *Fitting*, § 112 Rn. 126.
124 BAG v. 11.11.08 – 1 AZR 475/07; BAG v. 24.08.04 – 1 ABR 23/03.
125 ErfK-*Kania*, BetrVG § 112 Rn. 12, Richardi-*Annuß*, BetrVG § 112 Rn. 84; Däubler/Kittner/Klebe/Wedde-*Däubler*, BetrVG § 112 Rn. 80; *Fitting*, § 112 Rn. 118.
126 Picot[Restrukturierung]-*Henssler*, S. 985, 1060.

Umstrukturierung ohne Personalabbau meist auf einen Sozialplan verzichtet werden kann, weil es nicht zu wirtschaftlichen Nachteilen für die Arbeitnehmer kommt, bietet der Interessenausgleich schon durch die Kompromissfindung in Teilbereichen wie Weiterbildungen die Möglichkeit, ein gutes Verhältnis zwischen neuem Unternehmer und den bestehenden Arbeitnehmern aufzubauen. Sollte es zusätzlich nötig sein einen Sozialplan auszuarbeiten, ist es ratsam bei den Verhandlungen alle Betriebsänderungen anzubringen und schnell vollständig abzuarbeiten, damit die Auseinandersetzung zwischen Betriebsrat und Arbeitgeber den Integrationsprozess nicht überschattet. Dazu ist es möglich vorsorgliche Sozialpläne zu beschließen, die für mögliche Betriebsänderungen gelten, aber noch keine konkreten Umsetzungsmaßnahmen vorsehen.[127] Durch den Abschluss von vorsorglichen Sozialplänen kommt es nicht zu langwierigen Verhandlungen in der Folgezeit, da der Betriebsrat bei einem einmal beschlossenen Sozialplan sein Beteiligungsrecht zur Betriebsänderung schon verbraucht hat.[128] Allerdings bietet sich der Abschluss der vorsorglichen Sozialpläne nur an, wenn mehrere Betriebsänderungen zumindest in ihren Grundzügen bereits feststehen, wovon während Umstrukturierungsmaßnahmen auszugehen ist.

bb) Mitbestimmung bezüglich einzelner Arbeitnehmer

Mit der Betriebsänderung sind häufig auch personelle Einzelmaßnahmen verbunden, für die dem Betriebsrat ebenfalls Beteiligungsrechte gem. §§ 99, 102 BetrVG eingeräumt werden.[129] Bei der Integration sind dabei vor allem Einzelmaßnahmen von Bedeutung, die Umgruppierungen, Versetzungen und Kündigungen darstellen.

Der § 99 BetrVG beinhaltet dabei ein Beteiligungsrecht des Betriebsrats für Maßnahmen, die den Integrationsprozess des Organisationsaufbaus betreffen. Dabei sind in erster Linie Umgruppierungen und Versetzungen gem. § 99 Abs. 1 BetrVG von Bedeutung. Im Unterschied zu Betriebsänderungen trifft den Arbeitgeber gegenüber dem Betriebsrat nicht nur eine Auskunftspflicht, sondern er muss zusätzlich die Zustimmung vom Betriebsrat einholen. Die Zustimmung muss innerhalb einer Woche nach Unterrichtung schriftlich verweigert werden, sonst gilt sie als erteilt.[130] Eine wirksame Verweigerung der Zustimmung

---

127 ErfK-*Kania*, BetrVG § 112 Rn. 15.
128 BAG v. 26.08.1997 – 1 ABR 12/97; *Fitting*, § 112 Rn. 99; ErfK-*Kania*, BetrVG § 112 Rn. 15.
129 *Fitting*, § 111 Rn. 1.
130 Richardi-*Thüsing*, BetrVG § 99 Rn. 181.

kann nur aus in § 99 Abs. 2 BetrVG genannten Gründen erfolgen. Wenn der Arbeitgeber die personelle Maßnahme trotz Verweigerung durchführen will, muss er beim Arbeitsgericht einen Antrag auf Zustimmungsersetzung stellen, § 99 Abs. 4 BetrVG.

(1) Umgruppierung

Eine Umgruppierung im Sinne von § 99 BetrVG stellt jede Änderung der Einordnung eines Arbeitnehmers in eine betriebliche Lohn- oder Gehaltsgruppe dar.[131] Als Änderungen können sowohl Höherstufungen als auch Herabstufungen verstanden werden.[132] Eine solche Umgruppierung kann neben dem Erlangen einer neuen Gehaltsklasse durch wachsende persönliche Qualifikationen, gemessen an Berufsjahren, auch die Zuweisung einer neuen Tätigkeit sein.[133] Bei der Angleichung von Gehaltsstrukturen im erworbenen Unternehmen kann es auch dazu kommen, dass neue Gehaltsklassen definiert werden und deshalb eine Umgruppierung der Arbeitnehmer vorgenommen werden muss, die ein Beteiligungsrecht nach § 99 Abs. 1 BetrVG auslöst.[134]

(2) Versetzung

Eine Versetzung ist gem. § 95 Abs. 3 BetrVG definiert als „die Zuweisung eines anderen Arbeitsbereichs, die voraussichtlich die Dauer von einem Monat überschreitet, oder die mit einer erheblichen Änderung der Umstände verbunden ist, unter denen die Arbeit zu leisten ist". Der Arbeitsbereich umfasst den Arbeitsplatz an sich und seine räumlich, technische und organisatorische Umgebung.[135] Zusätzlich handelt es sich um eine Versetzung, wenn dem Arbeitnehmer eine neue Aufgabe zugewiesen wird, die sich inhaltlich von seiner früheren Tätigkeit erheblich unterscheidet.[136] Umstrukturierungen um den Arbeitsplatz des Angestellten herum sind nicht als Versetzung zu werten. Lediglich wenn Änderungen eintreten, die weitreichende Folgen für einen Arbeitsbereich haben, wie beispielsweise ein neuer Vorgesetzter, dem erheblich mehr Sanktionsmöglichkeiten zustehen als dem vorherigen Vorgesetzten.[137]

---

131 ErfK-*Kania*, BetrVG § 99 Rn. 12.
132 *Fitting*, § 99 Rn. 104.
133 ErfK-*Kania*, BetrVG § 99 Rn. 12; *Fitting*, § 99 Rn. 104.
134 BAG v. 12.01.1993 – 1 ABR 42/92.
135 BAG v. 19.02.1991 – 1 ABR 21/90.
136 BAG v. 10.04.1984 – 1 ABR 67/82.
137 ErfK-*Kania*, BetrVG § 99 Rn. 14.

(3) Mitbestimmung bei Kündigung gem. § 102 BetrVG

Auch bei der Kündigung als personelle Einzelmaßnahme räumt das BetrVG dem Betriebsrat ein Beteiligungsrecht ein. Um die Wirksamkeit einer Kündigung zu gewährleisten, muss der Betriebsrat gem. § 102 Abs. 1 BetrVG vor dem Ausspruch der Kündigung unter Angabe von Gründen unterrichtet werden.[138] Bei der Umstrukturierung während der Integration werden vor allem ordentliche betriebsbedingte Kündigungen ausgesprochen. Erfasst werden sowohl Änderungskündigungen als auch Beendigungskündigungen.[139] Weiterhin muss dem Betriebsrat nach der Unterrichtung die Möglichkeit der Stellungnahme eingeräumt werden. Das Gesetz sieht vor, dass der Betriebsrat bei einer ordentlichen Kündigung eine Frist von einer Woche zur Stellungnahme hat, § 102 Abs. 2 BetrVG.

In der vom Arbeitgeber übermittelten Unterrichtung zur Kündigung müssen neben den Gründen für eine Kündigung auch die Personalien übermittelt werden. Zusätzlich ist der Betriebsrat über die Art der Kündigung zu unterrichten, also ob es sich um eine ordentliche oder außerordentliche Änderungs- oder Beendigungskündigung handelt. Bei einer betriebsbedingten Kündigung ist es zusätzlich notwendig, dem Betriebsrat die Sozialdaten mitzuteilen, da diese für die Sozialauswahl von Bedeutung sind.[140]

Nach dem der Betriebsrat unterrichtet wurde bleiben ihm verschiedene Möglichkeiten der Reaktion. Stimmt der Betriebsrat der Kündigung zu oder lässt er die Anhörungsfrist verstreichen mit der Folge, dass die Zustimmung fingiert wird, kann der Arbeitgeber die Kündigung wirksam aussprechen.[141] Wenn der Betriebsrat lediglich Bedenken äußert, die den Arbeitgeber sein Handeln überdenken lassen sollen, hat dies keine rechtlichen Konsequenzen.[142] Widerspricht der Betriebsrat der Kündigung hingegen, steht dem betroffenen Arbeitnehmer ein Anspruch auf vorläufige Weiterbeschäftigung gem. § 102 Abs. 5 BetrVG zu. Ein Widerspruch muss mindestens mit einem Punkt aus der in § 102 Abs. 3 BetrVG aufgeführten Liste begründet sein.[143] Zu den Gründen aus § 102 Abs. 3 BetrVG zählen Fehler bei der Durchführung der Sozialauswahl (Nr. 1), Verstöße

---

138 Däubler/Kittner/Klebe/Wedde-*Bachner*, BetrVG § 102 Rn. 46.
139 *Waltermann*, Rn. 855.
140 Däubler/Kittner/Klebe/Wedde-*Bachner*, BetrVG § 102 Rn. 67; ErfK-*Kania*, BetrVG § 102 Rn. 5; Ascheid/Preis/Schmidt-*Koch*, BetrVG § 102 Rn. 94.
141 Däubler/Kittner/Klebe/Wedde-*Bachner*, BetrVG § 102 Rn. 187 f.
142 Vgl. Ascheid/Preis/Schmidt-*Koch*, BetrVG § 102 Rn. 148; *Waltermann*, Rn. 855.
143 *Fitting*, § 102 Rn. 71; Däubler/Kittner/Klebe/Wedde-*Bachner*, BetrVG § 102 Rn. 192; ErfK-*Kania*, BetrVG § 102 Rn. 15.

gegen die Auswahlrichtlinien nach § 95 BetrVG (Nr. 2), die Möglichkeit der Weiterbeschäftigung nach Umschulungs- und Fortbildungsmaßnahmen (Nr. 4) oder die Möglichkeit der Weiterbeschäftigung zu geänderten Vertragsbedingungen (Nr. 5). Der Widerspruch des Betriebsrats hat für den Arbeitnehmer lediglich Vorteile, wenn er einen Kündigungsschutzprozess führen will.[144]

Der Schutz der Arbeitnehmer durch die §§ 99, 102 BetrVG erfolgt auf unterschiedliche Weise. Während § 99 BetrVG vor allem darauf gerichtet ist Veränderungen in einem Betrieb so mild wie möglich für die Arbeitnehmer zu gestalten, ist § 102 BetrVG darauf bedacht Kündigungen auf ihre tatsächliche Notwendigkeit zu prüfen. Beide Fälle sind für die Unternehmensumstrukturierung von besonderer Bedeutung.

III. Integration der Unternehmensphilosophie

Den zweiten Teil zur Integration der Unternehmenskultur bildet die Integration der Unternehmensphilosophie. Dabei muss zuerst festgelegt werden, was zur Unternehmensphilosophie zählt und inwieweit diese integriert werden kann.

Die Unternehmensphilosophie muss abgegrenzt vom allgemeinen Begriff der Philosophie betrachtet werden. Während das aus dem Griechischen stammende Wort „Philosophie" grundsätzlich das Streben nach Weisheit ausdrückt, spiegelt sich dieses Streben nicht im Begriff der Unternehmensphilosophie wider.[145] Vielmehr werden unter der Unternehmensphilosophie Werte, Einstellungen und Normen verstanden, die die Handlungen, die Führung und den Organisationsaufbau beeinflussen oder ihr zu Grunde liegen. Aus den Wert- und Zielsetzungen entstehen gemeinsame und kausale Annahmen und Vorstellungen, die teils ohne große Abstimmung zur Zielerreichung führen.[146] Außerdem wird die Unternehmensphilosophie als „Kulturkern" eines Unternehmens angesehen der sich vor allem dadurch kennzeichnet, dass vorherrschende Glaubens- und Wertvorstellungen von der Mehrzahl der Mitarbeiter geteilt werden.[147] Damit deckt die Unternehmensphilosophie die eingangs beschriebenen Ebenen zwei und drei der Unternehmenskultur ab, also die Ebenen der festgeschriebenen Kodizes und die der unausgesprochenen Annahmen.[148]

---

144 *Waltermann*, Rn. 861.
145 Zum Begriff Philosophie: Meyers, S. 5687.
146 Vgl. *Dierkes*, ZfB 1988 58 (5/6), 554.
147 *Sackmann*, S. 393.
148 Vgl. C.

1. Ermitteln des Status Quo

Um eine neue Unternehmensphilosophie zu entwickeln bedarf es zuerst einer Auswertung bisher existierender Philosophien. Es bietet sich an, diese anhand von Umfragen, wie beispielsweise dem McKinsey Organizational Health Index, und Interviews mit Führungskräften zu ermitteln.[149] Während durch die Umfrage besonders die festgelegten Werte ermittelt werden, sollen die Interviews auf die weichen Faktoren wie Verhalten und innere Werte abzielen. Die Auswertung der vorhandenen Philosophien wird dann herangezogen um eine gemeinsame neue Unternehmensphilosophie zu schaffen.

2. Aufstellung der neuen Unternehmensphilosophie

Für eine erfolgreiche Integration muss eine sinnvolle Auswahl der zu integrierenden Unternehmensphilosophie getroffen werden. Ähnlich dem Vorgehen bei der Auswahl der richtigen Unternehmensstruktur kann je nach Integrationsziel eine Unternehmensphilosophie ausgearbeitet werden. Dazu empfiehlt es sich, die Führungskräfte beider Unternehmen beim Auswahlprozess für die neue Philosophie einzubeziehen.[150]

Wenn eine vollständige Integration angestrebt wird und man nicht eine bereits bestehende Unternehmensphilosophie von Anfang an als vorzugswürdig betrachtet, kann es als notwendig betrachtet werden, aus den passenden Teilen der vorher bestehenden Philosophien eine völlig neue Unternehmensphilosophie zu entwickeln und zu integrieren.[151] Bei einer teilweisen Integration ist es sinnvoller, statt einer neuen Philosophie die bestehende durch geeignete Maßnahmen in das erworbene Unternehmen zu integrieren, dadurch trifft die Umstellung nur einen kleinen Personenkreis. Wenn lediglich die Erhaltung des erworbenen Unternehmens erwünscht ist und somit keine bzw. geringe Integrationsmaßnahmen vollzogen werden sollen, wird eine Integration der Unternehmensphilosophie überflüssig.

Die Entwicklung von neuen inneren Werten der Unternehmensphilosophie muss genauso besprochen werden wie die schriftlichen Teile einer Unternehmensphilosophie. Auch hierzu müssen sich die Führungskräfte der beiden Unternehmen auf gemeinsame Werte einigen. Dafür ist besonders die Auswertung der Interviews notwendig. Die großen Unterschiede müssen erfasst und einheitlich

---

149 http://ohisolution.com, zuletzt aufgerufen am: 05.11.2014.
150 Vgl. Picot[M&A]-*Bartels/Cosack*, S. 534, 545.
151 Vgl. C.I.1.a)cc).

gelöst werden. Es muss sichergestellt werden, dass eine Korrespondenz zwischen den inneren Werten und den äußeren Umständen herrscht. Beispielsweise kann eine Wertevorstellung, die die Korruption in afrikanischen Ländern ablehnt, nur bestehen, wenn die äußeren Umstände diese Einstellung unterstützen und durch Mittel wie Compliance Richtlinien auch ausgedrückt werden.

Zum Aufstellen der neuen Unternehmensphilosophie zählt auch ein Überdenken des Führungsstils. Dabei muss geklärt werden wie Mitarbeiter informiert, instruiert und motiviert werden.[152] Bei der Planung der neuen Unternehmensphilosophie muss berücksichtigt werden, dass die Integration meist ein langsamer Prozess ist. Deshalb kann es eingangs notwendig sein gegen alte Verhaltensweisen Sofortmaßnahmen zu ergreifen, weil diese gegen beispielsweise die neuen Compliance Regeln verstoßen.[153]

3. Integration der neuen Philosophie

Bei den Maßnahmen der Integration werden die unterschiedlichen Ebenen des Unternehmenskulturbegriffs betrachtet. So müssen schriftlich festgehaltene Teile der Unternehmensphilosophie, die der Ebene zwei der Unternehmenskultur zuzuordnen sind, anders integriert werden, als Werte und Verhaltensweisen, die nicht niedergeschrieben sind und bereits von Mitarbeitern verinnerlicht wurden.

Die Überlegung, ob eine komplett neue Unternehmensphilosophie geschaffen und im Gesamtunternehmen integriert wird oder ob die vorherrschende Unternehmensphilosophie auf das erworbene Unternehmen übertragen werden soll, führt zu einem unterschiedlichen Vorgehen bei der Integration. Im letzteren Fall werden schriftliche Teile der Philosophie auf den neuen Unternehmensteil übertragen und finden von Tag eins an nach dem Unternehmenskauf Anwendung.[154] Gleichzeitig muss die Unternehmensführung durch Schulungen für die inneren Werte der Unternehmensphilosophie sensibilisiert werden. Durch ein Vorleben der zu integrierenden Kultur und die Offenheit für Kritik kann eine Integration vollzogen werden. Gleichzeitig darf nicht erwartet werden, dass die Unternehmenskultur einen Tag nach dem Unternehmenskauf von allen Mitarbeitern verinnerlicht wurde, vielmehr muss von einem langsam fortschreitenden Prozess ausgegangen werden. Im Fall der Integration einer völlig neuen Unternehmensphilosophie ist bei der Maßnahmenwahl eine Unterscheidung zwischen dem schriftlichen Teil und den inneren Werten einer Unternehmensphilosophie

---

152 Werner, ZfO 1999, 332, 334.
153 Hölters-*Lucks*, S. 881, 907.
154 Hölters-*Lucks*, S. 881, 918 f.

notwendig. Außerdem bedarf die Umsetzung einer neuen Unternehmensphilosophie eines hohen Zeitaufwands.

Für beide Varianten zur Integration einer Unternehmensphilosophie ist es jedoch unverzichtbar, Maßnahmen zur Kommunikation mit den Mitarbeitern zu ergreifen um die deutliche Botschaft zu vermitteln, dass man gemeinsam diesen Integrationsprozess bestreitet. Dazu zählen Betriebsversammlungen, Kommunikation mit Abteilungsleitern, Presseerklärungen oder auch Veröffentlichungen im Intranet.[155] Die Kommunikation der neuen Werte kann durch das Vorleben der neuen und gemeinsamen Philosophie durch das Management ebenfalls verbessert werden.[156] Gleichzeitig drücken die Führungskräfte beider Unternehmen damit das Einverständnis zur neuen Philosophie aus, was zusätzlich eine beruhigende Wirkung auf die Belegschaft hat. Das Aufstellen von strengen Regelungen bereits zu Beginn, beispielsweise bei kleineren Verstößen schon mit Abmahnungen zu drohen, kann sich dabei kontraproduktiv auswirken und gibt den Arbeitnehmern keine Zeit sich in der neuen Situation zurechtzufinden. Vielmehr muss eine Schritt für Schritt Integration angestrebt werden, bei der anfangs durch motivierende Gespräche auf Fehlverhalten hingewiesen und erst nach wiederholtem Fehlverhalten mit Sanktionen gedroht wird.

4. Folgen

Die Folge einer neuen Unternehmensphilosophie ist, dass schriftliche Teile daraus neu verfasst werden müssen. So gilt es beispielsweise Compliance Regeln, den Code of Conduct oder auch einfache Verhaltensregeln neu zu formulieren. Gleichzeitig müssen die Änderungen für die Mitarbeiter klar kenntlich gemacht werden, damit diese Änderungen bei allen Mitarbeitern ankommen und Anklang finden. Dies ermöglicht den Arbeitnehmern, sich an den Verhaltensweisen der Vorgesetzten zu orientieren. Gleichzeitig beginnen die Mitarbeiter, die neuen Unternehmenswerte zu übernehmen und zu verinnerlichen.[157]

IV. Rechtliche Aspekte zur Änderung und Anpassung der Unternehmensphilosophie

Das eigentliche Ziel, die inneren Werte und Denkweisen der Arbeitnehmer zu verändern ist rechtlich nicht durchsetzbar, weil es dem Arbeitgeber nicht

---

155 Hölters-*Lucks*, S. 881, 920.
156 Picot[M&A]-*Bartels/Cosack*, S. 534, 543.
157 Vgl. *Reineke*, S. 96 ff.

gestattet ist, den Arbeitnehmer zu einer bestimmten Denkweise zu zwingen, auch dann nicht, wenn es Werte sind, die das Unternehmen betreffen.[158] Allerdings ist eine Änderung der Unternehmensphilosophie zumindest nach außen möglich. Dazu bedarf es Vorschriften, die die Unternehmensphilosophie beschreiben und das Auftreten und Verhalten der Arbeitnehmer klar definieren. Zu den wesentlichen Teilen, die die Unternehmensphilosophie bilden, gehören neben der Satzung und einfachen Arbeitsordnungen besonders der Verhaltenskodex mit eventuellen Ethikrichtlinien. Der Vorteil der Etablierung von Kodizes ist, dass das Verhalten der Mitarbeiter von der drohenden Sanktionierung bei Zuwiderhandeln gegen die Kodizes beeinflusst wird.[159] Bei der Einführung oder Änderung im Zuge der Umstrukturierung eines solchen Kodex muss auch auf die Mitbestimmungsrechte geachtet werden. Ob und wie eine solche Mitbestimmung durchgeführt werden muss, ist abhängig davon, wie eine Änderung vollzogen werden soll.

1. Verhaltenskodex

Es gibt mehrere Möglichkeiten die Unternehmensphilosophie von Rechts wegen zu ändern. Der für die Unternehmensphilosophie bedeutendste Kodex ist der Verhaltenskodex, der wahlweise auch Ethikrichtlinien beinhalten kann. Durch die Möglichkeit, dass Verstöße gegen solche Vereinbarungen geahndet werden können, kann nach außen eine einheitliche Unternehmensphilosophie sichtbar gemacht werden, die keine Fehltritte erlaubt.[160]

Der Verhaltenskodex kann Leitlinien, Programmsätzen und Selbstverpflichtungen des Unternehmens enthalten. Um das Verhalten von Mitarbeitern zu steuern, kann es Verhaltensvorgaben und Leitsätze zur Vermeidung geschäftsschädigender Handlungen oder auch direkte Handlungs- und Verhaltensanweisungen bzw. Verhaltensstandards geben.[161] Bei der Implementierung oder Änderung eines Verhaltenskodex muss zunächst geprüft werden, ob dies durch das Direktionsrecht erfolgen kann oder ob es einer Vereinbarung im Arbeitsvertrag bedarf. Gleichzeitig ist zu prüfen, ob bei Bestehen eines Betriebsrats das Mitbestimmungsrecht beachtet werden muss.

---

158 BAG v. 23.06.1994 – 2 AZR 617/93, BAGE 77, 128.
159 *Fahring*, NJOZ 2010, 975, 976.
160 Vgl. *Schröder/Schreier*, BB 2010, 2565, 2568 f.
161 *Bachner/Lerch*, AiB 2005, 229; *Mengel/Hagemeister*, BB 2007, 1386.

a) Einführung eines Verhaltenskodex

Grundsätzlich gibt es zwei Möglichkeiten einen Verhaltenskodex einzuführen. Zum einen besteht die Möglichkeit eine Einführung auf Grundlage des Arbeitgeberweisungsrechts gem. § 106 GewO durchzuführen. Zum anderen kann es notwendig sein einen Verhaltenskodex durch Vereinbarung mit den Arbeitnehmern einzuführen.

Die Art der Einführung ist abhängig von der Tragweite der einzuführenden Verhaltensregeln. So ermöglicht das Weisungsrecht nach § 106 GewO die Einführung von Regeln, die gesetzliche Haupt- oder Nebenpflichten der Arbeitnehmer spezifizieren ohne dabei den Pflichtenkreis zu erweitern.[162] Es können beispielsweise gesetzes- und vertragstreues Verhalten, redliches Verhalten im Geschäftsverkehr, der Umgang mit Arbeitgebereigentum oder eine Verschwiegenheitsverpflichtung bestimmt werden. Weiterhin müssen durch das Direktionsrecht eingeführte Verhaltensregeln einen Arbeitsbezug aufweisen. Dies ermöglicht unter Berücksichtigung des Mitbestimmungsrechts aus § 87 Abs. 1 Nr. 1 BetrVG die Einführung von Bestimmungen zu Verhalten und Ordnung der Arbeitnehmer im Betrieb.[163] Für Bereiche, die ausschließlich zum Privatleben der Arbeitnehmer zählen, besteht kein Weisungsrecht. So ist beispielsweise ein Verbot von Beziehungen zwischen Mitarbeitern unzulässig.[164] Das Weisungsrecht des Arbeitgebers kann sich nur dann auf das private Verhalten des Arbeitnehmers erstrecken, wenn sein außerdienstliches Verhalten ein berechtigtes Interesse des Arbeitgebers betrifft.[165] Dazu zählen Verhaltensweisen des Arbeitnehmers, die den Betriebsfrieden oder das Unternehmensimage negativ beeinflussen.

Im Fall einer Umstrukturierung kann es für eine neue Unternehmensphilosophie notwendig sein, den Aufgabenbereich teilweise auszuweiten, beispielsweise dann, wenn ein Austausch zwischen den Abteilungen vorangetrieben werden soll. Das Direktionsrecht bietet jedoch keine Möglichkeiten die Verpflichtungen des Arbeitnehmers auszuweiten.[166] Alternativ kann ein Verhaltenskodex als Vereinbarung zwischen Arbeitnehmern und Arbeitgebern eingeführt werden, um Ungewissheiten in Bezug auf die Wirksamkeit der Regelungen wegen der

---

162 *Schuster/Darsow*, NZA 2005, 273.
163 *Nezmeskal-Berggötz*, CCZ 2009, 209, 210.
164 LAG Düsseldorf v. 05.11.2005 – TaBV 46/05, NZA 2006, 63.
165 *Nezmeskal-Berggötz*, CCZ 2009, 209, 210; *Schuster/Darsow*, NZA 2005, 273, 274; a. A.: *Borgmann*, NZA 2003, 352, 354.
166 *Mahnhold*, S. 144.

begrenzten Reichweite des Weisungsrechts zu vermeiden, zum Beispiel in Bezug auf außerdienstliches Verhalten. Eine solche Vereinbarung unterliegt grundsätzlich keinen Grenzen, da gem. § 105 GewO Abschluss- und Inhaltsfreiheit für den Arbeitsvertrag gilt. Die Inhaltskontrolle nach den §§ 305 ff. BGB für die Allgemeinen Geschäftsbedingungen schränkt die zulässigen Inhalte solcher Vereinbarungen ein.[167] Die Richtlinien und ihre Änderungen müssen dem Arbeitnehmer nachweislich bekannt gemacht werden, am besten indem der Arbeitnehmer Erhalt und Änderungen der Richtlinie schriftlich bestätigt.[168] Es ist möglich, solche Vereinbarungen bei Neueinstellungen als Richtlinientext oder Verweis auf eine Richtlinie im Arbeitsvertrag zu integrieren.[169] Bei bestehenden Arbeitsverhältnissen können Verhaltensregeln durch Änderungsvereinbarung oder Änderungskündigung eingeführt bzw. geändert werden. Eine Änderungsvereinbarung bedarf der Zustimmung durch den Arbeitnehmer, ein Schweigen reicht als Zustimmungsbekundung nicht aus.[170] Für eine ordentliche oder außerordentliche Änderungskündigung bedarf es hingegen nicht nur eines Änderungswillens, sondern es muss viel mehr ein dringendes betriebliches Erfordernis für die zu vollziehende Änderung vorliegen, die eine Weiterbeschäftigung nach den bestehenden Vertragsbedingungen unmöglich macht.[171] Ein solcher Fall liegt vor, wenn ein Unternehmen gesetzlich dazu verpflichtet ist ein bestimmtes Verhalten von seinen Mitarbeitern zu verlangen, wie beispielsweise die Verhaltensrichtlinien der amerikanischen Börsenaufsicht SEC.[172] Eine Einführung von anderen, mehr für die Unternehmensphilosophie und damit den internen Gebrauch benötigte Verhaltensrichtlinien, scheitern regelmäßig an der Voraussetzung, dass ohne Änderung eine Weiterbeschäftigung unmöglich ist. Somit muss für die Einführung einer neuen oder geänderten Unternehmensphilosophie meist auf direkte Vereinbarungen und das Weisungsrecht zurückgegriffen werden.

b) Mitbestimmungsrecht bei Einführung von Verhaltenskodizes

Eine Einschränkung der Einführung eines Verhaltenskodex kann zusätzlich durch das Mitbestimmungsrecht des Betriebsrats entstehen. Dabei begründet ein vom Gesetz eingeräumtes Mitbestimmungsrecht für bestimmte Regelungen,

---

167 *Borgmann*, NZA 2003, 352, 354.
168 *Borgmann*, NZA 2003, 352, 354.
169 *Borgmann*, NZA 2003, 352, 354.
170 *Hennige*, NZA 1999, 281, 283 f.
171 *Borgmann*, NZA 2003, 352, 354 f.
172 *Borgmann*, NZA 2003, 352, 355.

die Inhalt eines Verhaltenskodex sein können, kein Mitbestimmungsrecht für den gesamten Kodex.[173] Ein Mitbestimmungsrecht besteht auch nicht für Teile, bei denen ein Verhaltenskodex lediglich gesetzliche Vorgaben wiederholt oder auf diese noch einmal hinweist.[174] Gleiches gilt für die Konkretisierung von Arbeitspflichten, die nicht zur Ordnung des Betriebs zählen, wie beispielsweise Vorgaben zum Umgang mit Kunden oder Lieferanten.[175]

Mitbestimmungspflichtig sind dagegen gem. § 87 Abs. 1 Nr. 1 BetrVG Maßnahmen, die die Ordnung des Betriebes und das Verhalten der Arbeitnehmer ändern sollen. Für die Unternehmensphilosophie sind neben den verpflichtenden Regeln auch Leitlinien von besonderer Bedeutung, da diese eine Sensibilisierung der Arbeitnehmer für die Philosophie bewirken können. Solche unverbindlichen Leitlinien, die das Ordnungsverhalten der Mitarbeiter betreffen, unterfallen auch der Mitbestimmung nach § 87 Abs. 1 Nr. 1 BetrVG.[176] Zu den mitbestimmungspflichtigen Inhalten eines Verhaltenskodex gehören Regelungen wie Alkoholverbot, Umgang mit Geschenken und Einladungen, aber auch Flirt- und Kussverbote oder der respektvolle Umgang miteinander am Arbeitsplatz.[177] Wie oben ausgeführt sind gesetzlich geregelte Verhaltensweisen nicht mitbestimmungspflichtig. Dadurch werden Regelungen, die den respektvollen Umgang miteinander festlegen erst mitbestimmungspflichtig, wenn sie über gesetzliche Verbote hinausgehen. So sind zum Beispiel Verbote von schikanierenden Witzen oder Äußerungen, die das Arbeitsumfeld negativ beeinträchtigen mitbestimmungspflichtig.[178] Regelungen, die beispielsweise das Verbot von Belästigungen beinhalten, die auch im AGG aufgenommen wurden, sind hingegen nicht mitbestimmungspflichtig.

Bei mitbestimmungspflichtigen Angelegenheiten kann der Betriebsrat den Abschluss einer Betriebsvereinbarung verlangen.[179] Verhaltenskodexe beinhalten meist eine reihe von mitbestimmungspflichtigen Inhalten. Der Arbeitgeber muss berücksichtigen, ob er dem gesamten Verhaltenskodex durch eine Betriebsvereinbarung eine normative Wirkung gegenüber allen Arbeitnehmern zukommen lassen will. Dann erstreckt sich die normative Wirkung auf

---

173 BAG v. 22.07.2008 – 1 ABR 40/07, BAGE 127, 146, 146 f.
174 *Schuster/Darsow*, NZA 2005, 273.
175 BAG v. 11.06.2002 – 1 ABR 46/01, BAGE 101, 285, 285 f.
176 BAG v. 24.03.1981 – 1 ABR 32/78, BAGE 35, 150, 156; so auch: *Nezmeskal-Berggötz*, CCZ 2009, 209, 211.
177 *Nezmeskal-Berggötz*, CCZ 2009, 209, 211.
178 *Nezmeskal-Berggötz*, CCZ 2009, 209, 211.
179 Vgl. BAG v. 08.08.1989 – 1 ABR 62/88, BAGE 62, 322, 323 f.

die mitbestimmungsfreien und -pflichtigen Teile. Eine einseitige Änderung der mitbestimmungsfreien Teile, die zuvor dem Weisungsrecht unterlagen, ist dann nicht mehr möglich.[180] Für den Arbeitgeber besteht gegebenenfalls nur die Möglichkeit die Betriebsvereinbarung zu kündigen und dann die mitbestimmungsfreien Teile neu per Weisungsrecht zu regeln, da sich die Nachwirkung einer Betriebsvereinbarung gem. § 77 Abs. 6 BetrVG nur auf die mitbestimmungspflichtigen Teile einer Betriebsvereinbarung erstreckt.[181] Für die Integration ist die Art, wie ein bereits bestehender Verhaltenskodex eingeführt wurde besonders wichtig. Solange der Verhaltenskodex nur mittels der Weisungsrechte des Arbeitgebers gem. § 106 GewO eingeführt wird, besteht für den neuen Arbeitgeber die Möglichkeit Änderungen, in den Grenzen des Weisungsrechts, einseitig durchzuführen. Wurde jedoch eine Vereinbarung zwischen altem Arbeitgeber und den Arbeitnehmern getroffen, bedarf es einer neuen, die alte Vereinbarung ersetzenden Vereinbarung, solange die Vereinbarung keine Klausel zur einseitigen Änderung von Arbeitgeberseite beinhaltet.

Wenn eine Betriebsvereinbarung zu Verhaltensregeln beschlossen wurde, ist darauf zu achten, dass diese keine Anwendung auf leitende Angestellte findet. Diese müssen entweder durch arbeitsvertragliche Regelungen oder Änderungsvereinbarungen an die Verhaltensregeln gebunden werden.[182]

2. Zusammenfassung

Die Änderung von Überzeugungen und innerlichen Moralvorstellungen ist ein Prozess, der in jedem Arbeitnehmer von alleine heranwachsen muss. Der Arbeitgeber muss akzeptieren, dass der Arbeitnehmer andere Vorstellungen hat, solang der Arbeitnehmer sich kein Fehlverhalten zu Schulden kommen lässt. Eine Veränderung der Wertevorstellungen lässt sich nicht mit Zwang durchsetzen. So ist es dem Arbeitgeber nicht möglich, innere Befindlichkeiten und die Denkweise von Arbeitnehmern, die nicht im Einklang mit der neuen Unternehmensphilosophie stehen, zu sanktionieren.[183] Der Verhaltenskodex bietet jedoch die Möglichkeit, das Verhalten der Arbeitnehmer zu reglementieren und dadurch einer neuen oder geänderten Unternehmensphilosophie Ausdruck zu verleihen. In den Verhaltenskodex können dazu sowohl verpflichtende Verhaltensvorgaben als auch wünschenswerte Wertvorstellungen aufgenommen werden.

---

180 *Borgmann*, NZA 2003, 352.
181 *Mengel/Hagemeister*, BB 2007, 1386, 1391.
182 *Nezmeskal-Berggötz*, CCZ 2009, 209, 211 f.
183 *Schuster/Darsow*, NZA 2005, 273, 277; ErfK-*Preis*, BGB § 611 Rn. 748.

Auch die Mitbestimmung bietet Chancen für die Unternehmensphilosophie und eine auf den guten Ton bedachte Unternehmenskommunikation. So ist es möglich, durch eine Betriebsvereinbarung eine neue Unternehmensphilosophie zu entwickeln, bei deren Entstehung sowohl Arbeitgeber als auch Arbeitnehmer beteiligt werden. Der Vorteil liegt besonders darin, dass sich die Arbeitnehmer mit der neuen Unternehmensphilosophie schnell identifizieren können, da sie selbst daran mitgewirkt haben. Zusätzlich fungieren auch die an der Ausarbeitung beteiligten Betriebsratsmitglieder, die für den Unternehmensfrieden auf die Einhaltung des Kodex durch die Arbeitnehmer achten, als Vorbilder für andere Arbeitnehmer. Der Nachteil an einer Betriebsvereinbarung, die auch mitbestimmungsfreie Teile beinhaltet, ist besonders spürbar, wenn eine solche Vereinbarung bereits beim Unternehmenskauf vorliegt. Die eigentlich frei vom Arbeitgeber bestimmbaren Teile der Unternehmensphilosophie sind dann nur noch in Kooperation mit den Arbeitnehmern zu gestalten.

V. Zwischenfazit

Die von wirtschaftlicher Seite erforderliche Betrachtung der Unternehmenskultur als Summe der Unternehmensstruktur und der Unternehmensphilosophie erfordert auch eine geteilte Betrachtung von rechtlicher Seite. Grundsätzlich wird deutlich, dass für die kulturelle Post Merger Integration weitestgehend unternehmerisch freie Entscheidungen getroffen werden können. So können beispielsweise Integrationsziel und Integrationsprozess frei gewählt werden. Die Wahl ist lediglich von der unternehmerischen Sinnhaftigkeit jeder Entscheidung geprägt, so soll zum Beispiel auf Synergieeffekte und das Erhalten von Kompetenzen geachtet werden.

Für die Unternehmensstrukturänderungen hat das deutsche Recht verschiedene Vorgaben, die jedoch einen weiten Handlungsspielraum zulassen. Wenn ein Weg gewählt wurde, müssen die rechtlichen Vorgaben zu diesem Weg im Integrationsplan festgehalten und beachtet werden. Das Gesellschaftsrecht mit dem UmwG sieht für die Ebene der Gesellschaftsstruktur beispielsweise Informationsrechte gegenüber den Mitarbeitern vor. Das Mitbestimmungsrecht hingegen sieht für Änderungen der Betriebsstruktur Beteiligungsrechte der Arbeitnehmer vor. Zusätzlich führen Interessenausgleich und Sozialplan zu Kosten, die es zu berücksichtigen gilt. Auch die Unterrichtung des Betriebsrats bei Kündigungen wegen Umstrukturierungen bildet eine rechtliche Vorgabe, die zwar eingehalten werden muss, das Unternehmen in seinen wirtschaftlichen Handlungsmöglichkeiten jedoch nicht zu stark einschränkt und mit dem Interessenausgleich mit

Namensliste sogar mehr Rechtssicherheit und eine verstärkte Beteiligung des Betriebsrats in den Betriebsänderungsprozess bietet.

Die Änderung der Unternehmensphilosophie unterliegt hingegen nur geringen rechtlichen Grenzen. Zwar können innere Wertevorstellungen nicht vorgeschrieben werden, jedoch kann durch Kodizes das Verhalten nach außen beeinflusst werden. Es gilt vor allem das Mitbestimmungsrecht bei Änderungen zu beachten.

D. Personelle Integration

Während die kulturelle Integration sich mit der Integration von Unternehmensphilosophie und Unternehmensstruktur auseinandersetzt und damit ein unternehmerisches Grundgerüst für die Zukunft aufbauen will, dient die personelle Integration dazu, das entstehende Gerüst passend zu besetzen.

Die personelle Integration beschäftigt sich hauptsächlich mit der Integration von Mitarbeitern. Eingegangen werden muss dabei auf die unterschiedlichen Voraussetzungen zur Integration der Führungsebene und der Belegschaft. Das Ziel der personellen Integration ist die Erhaltung unternehmensnotwendigen Fachwissens. Hierzu müssen die rechtlichen Umstände zur Integration der beiden Mitarbeitergruppen betrachtet werden.

Es gilt zu verstehen, inwieweit die personelle Integration wirtschaftliche Freiheiten für den Integrationsplan zulässt und wer demzufolge wie integriert werden soll oder integriert werden muss. Zusätzlich müssen Wege gefunden werden, die eine personelle Integration vereinfachen und den allgemeinen Integrationsprozess vorantreiben. So besteht die Möglichkeit für die Führungsebene eventuell auf ein Doppelmandant zurückzugreifen, dabei wird eine Leitungsfunktion in dem zu integrierenden und dem erwerbenden Unternehmen von derselben Person übernommen. Für alle Mitarbeiter ist eine Mitarbeiter Due Diligence durchzuführen, die Auskünfte über eventuelle Problemstellen im personellen Integrationsprozess geben soll.[184]

I. Führungsebene

Eine personelle Integration zielt auf eine schnelle und möglichst konfliktfreie Weiterarbeit des Zielunternehmens nach dem Kauf ab. Geplante Änderungen der Unternehmensposition und der Produktion können innerhalb der Führungsebene sowohl auf Ablehnung als auch auf Zuspruch stoßen. Die personelle Integration setzt sich deshalb das Ziel, Fachwissen und Führungsqualität vor dem Hintergrund der eventuellen Neuausrichtung und des Umstrukturierungsprozesses für das Unternehmen zu sichern und zukünftige Störfaktoren und Risiken auf der Führungsebene zu eliminieren.[185] Der erste Schritt ist die Überprüfung, ob der Anstellungsvertrag der Führungskräfte eine Change of Control Klausel

---

184 *Labbé/Schirmer*, M&A Review 12/2008, 565, 565 f.
185 Picot[M&A]-*Picot*, 586.

enthält. Bei dieser Klausel steht den Führungskräften im Fall eines Kontrollwechsels, beispielsweise durch einen Wechsel des Mehrheitsgesellschafters, ein Sonderkündigungsrecht zu, das Wissensverlust und höhere Kosten durch vertragliche Abfindungszahlungen verursacht.[186] Im zweiten Schritt stellen sich im Bereich des Führungspersonals die Fragen, wie man die Führungsebene an das Unternehmen binden oder ihre Dienste beenden kann. Exemplarisch werden dazu die Möglichkeiten der Integration bei der Gesellschaft mit beschränkter Haftung und der Aktiengesellschaft herangezogen. Beide Gesellschaftsformen bedürfen diesbezüglich der gesonderten Betrachtung von Share und Asset Deal.

1. Geschäftsführung der GmbH

a) Share Deal

Beim Share Deal werden die Unternehmensanteile Gegenstand des Kaufvertrages. Damit kommt es nicht zu Änderungen im Anstellungsvertrag zwischen GmbH und Geschäftsführung. Eine Integration kann erst dann ansetzen, wenn geklärt ist, ob die Geschäftsführung ausgetauscht werden soll oder die alte Geschäftsführung weiter agiert. Wenn die bisherige Geschäftsführung weiterhin tätig sein soll, werden Integrationsmaßnahmen für die bestehende Führung getroffen, wie zum Beispiel das Zur-Seite-Stellen eines Integrationsbeauftragten.

aa) Abberufung der Geschäftsführung

(1) Abberufung von der Organstellung

Die Abberufung der Geschäftsführung ist gem. § 38 Abs. 1 GmbHG grundsätzlich jederzeit möglich. Es besteht jedoch die Möglichkeit im Gesellschaftsvertrag festzulegen, dass eine Abberufung nur bei Vorliegen eines wichtigen Grunds möglich ist, § 38 Abs. 2 GmbHG. Das Gesetz zählt dafür beispielhaft grobe Pflichtverletzungen und Unfähigkeit zur Geschäftsführung auf. Für die Abberufung ist es daher notwendig, die im Gesellschaftsvertrag festgelegten Voraussetzungen zu prüfen.[187]

Laut § 46 Abs. 5 GmbHG ist die Gesellschafterversammlung für die Bestellung und Abberufung der Geschäftsführung zuständig, sofern keine andere Stelle für zuständig erklärt wird.[188] Für eine Abberufung bedarf es eines durch die einfache Mehrheit beschlossenen Gesellschafterbeschlusses, solange der

---

186 Wachter-*Eckert*, § 87 Rn. 29.
187 *Freiburg/Niehaus*, M&A Review 11/2007, 503.
188 Baumbach/Hueck-*Zöllner/Noack*, § 38 Rn. 24.

Gesellschaftsvertrag keine andere Mehrheitsregelung vorsieht.[189] Ist eine Abberufung beschlossen worden, muss der Geschäftsführung dies formlos mitgeteilt werden.

(2) Kündigung des Anstellungsverhältnisses

Die Organstellung als Geschäftsführer und das Anstellungsverhältnis müssen getrennt betrachtet werden. Die Abberufung hat deshalb keine Auswirkungen auf das Anstellungsverhältnis.[190] Ein Vergütungsanspruch, der sich aus dem Anstellungsverhältnis ergibt, erlischt erst mit einer wirksamen Kündigung des Anstellungsverhältnisses. Der Erwerber hat außerdem jederzeit die Möglichkeit das Anstellungsverhältnis durch einen einvernehmlichen Aufhebungsvertrag mit der Geschäftsführung zu beenden.[191] Im Fall eines Unternehmenskaufs sind neben der ordentlichen Kündigung, die unter Einhaltung der Kündigungsfrist ohne Angabe von Gründen möglich ist, die Möglichkeiten der außerordentlichen Kündigung zu prüfen.[192]

Eine außerordentliche Kündigung ist nur möglich, wenn Gründe im Sinne des § 626 Abs. 1 BGB vorliegen. Die Gründe müssen demnach so gravierend sein, dass Umstände vorliegen, die es unmöglich machen, das Dienstverhältnis bis zum Ende der Kündigungsfrist fortzusetzen. Wichtige Gründe, die den Erwerber zu einer außerordentlichen Kündigung berechtigen können, sind zum Beispiel wiederholter Widerspruch gegen Gesellschafteranweisungen, Pflichtverletzungen als Geschäftsführer, schwere Vertrauensbrüche, Verweigerung von Auskünften gegenüber den Gesellschaftern, unüberbrückbare Meinungsverschiedenheiten und Interessenkonflikte sowie Verstöße gegen das Wettbewerbsverbot.[193] Der reine Gesellschafterwechsel stellt jedoch noch keinen wichtigen Grund zur außerordentlichen Kündigung im Sinne von § 626 Abs. 1 BGB dar.[194]

Damit die außerordentliche Kündigung wirksam ist, muss zusätzlich die Kündigungserklärungsfrist von zwei Wochen gem. § 626 Abs. 2 BGB eingehalten werden. Diese schreibt vor, dass die Kündigung gegenüber der Geschäftsführung spätestens zwei Wochen nach Bekanntwerden des Kündigungsgrundes

---

189 *Freiburg/Niehaus*, M&A Review 11/2007, 503, 504.
190 OLG Düsseldorf v. 10.10.2003 – I – 17 U 35/03, NZG 2004, 478.
191 Henssler/Strohn-*Oetker*, GmbHG § 35 Rn. 108.
192 Zur ordentlichen Kündigung: *Gehrlein*, BB 2004, 2585, 2590.
193 Baumbach/Hueck-*Zöllner/Noack*, GmbHG § 35 Rn. 220.
194 *Freiburg/Niehaus*, M&A Review 11/2007, 503, 509.

erfolgen muss.[195] Zur Kündigung berechtigt ist, sofern nichts anderes im Gesellschaftsvertrag oder durch das Mitbestimmungsrecht geregelt wird, die Gesellschafterversammlung.[196]

bb) Bestellung einer neuen Geschäftsführung

Die Bestellung einer neuen, vom Erwerber der Gesellschaft selbst ausgewählten Geschäftsführung folgt den normalen Vorgaben zur Bestellung des Geschäftsführers einer GmbH. Das Anstellungsverhältnis und die Bestellung der Geschäftsführung sind dabei wie bei der Abberufung getrennt zu betrachten. Mit einer Bestellung kommt nicht automatisch der Dienstvertrag zustande.[197] Der Anstellungsvertrag wird regelmäßig zwischen Geschäftsführung und GmbH geschlossen.[198] Dabei gelten die allgemeinen rechtlichen Vorgaben zum Vertragsschluss, wie beispielsweise Angebot und Annahme gem. § 145 ff. BGB.

Die Bestellung der Geschäftsführung kann auf mehrere Arten erfolgen. So kann die Bestellung gem. § 6 Abs. 3 GmbHG im Gesellschaftsvertrag, gem. § 46 Nr. 5 GmbHG per mehrheitlichen Gesellschafterbeschluss, durch den Aufsichtsrat bei einer mitbestimmten GmbH oder andere Organe nach Gesellschaftsvertrag erfolgen.[199] Ist die Geschäftsführung bestellt, muss diese die Bestellung zusätzlich noch annehmen, damit die Bestellung wirksam wird.[200] Zusätzlich ist die neue Geschäftsführung gem. § 39 Abs. 1 GmbHG zur Eintragung ins Handelsregister anzumelden.

b) Asset Deal

Soll die GmbH durch einen Asset Deal, also durch den Erwerb aller einzelnen Wirtschaftsgüter erfolgen, muss der bestehende Vertrag zwischen Geschäftsführung und GmbH betrachtet werden. Zwei Möglichkeiten sind denkbar, zum einen, dass das GmbH Geschäftsführeranstellungsverhältnis nach der Anpassung an den europarechtlichen Arbeitnehmerbegriff ebenfalls nach § 613a Abs. 1 BGB übergeht. Zum anderen könnte der Käufer wie bei den Wirtschaftsgütern frei über den Erwerb oder Nichterwerb entscheiden, indem er mit dem alten Geschäftsführer einen neuen Anstellungsvertrag abschließt oder nicht.

---

195 Henssler/Strohn-*Oetker*, GmbHG § 35 Rn. 129.
196 Baumbach/Hueck-*Zöllner/Noack*, § 35 Rn. 216.
197 Baumbach/Hueck-*Zöllner/Noack*, § 35 Rn. 166.
198 Henssler/Strohn-*Oetker*, GmbHG § 35 Rn. 70.
199 Baumbach/Hueck-*Fastrich*, § 6 Rn. 26 ff.
200 Baumbach/Hueck-*Zöllner/Noack*, § 35 Rn. 10.

aa) GmbH-Fremdgeschäftsführung als Arbeitsverhältnis im Sinne von § 613a BGB

Während beim Share Deal das Angestelltenverhältnis vom Kauf der Gesellschaftsanteile nicht betroffen ist und das Anstellungsverhältnis somit in jedem Fall bestehen bleibt, muss dies nicht auch für den Asset Deal gelten. Zu einem Übergang des Anstellungsverhältnisses des GmbH-Geschäftsführers könnte es kommen, wenn es zu den in § 613a BGB angesprochenen Arbeitsverhältnissen zählt, die bei Betriebsübergang auf den Erwerber übergehen. In Frage kommt dies nur für den Fremdgeschäftsführer bzw. den Gesellschaftsgeschäftsführer ohne Sperrminorität.

Grundsätzlich erscheint § 613a BGB als zum Schutz der Arbeitnehmer aufgestellte Norm ein Geschäftsführer-Anstellungsverhältnis nicht zu erfassen. Jedoch wird dem GmbH-Geschäftsführer auf unionsrechtlicher Ebene besonders wegen seiner Weisungsgebundenheit gegenüber den Gesellschaftern die Arbeitnehmereigenschaft attestiert.[201] Zusätzlich bildet § 613a BGB die mitgliedsstaatliche Umsetzung der unionsrechtlichen Richtlinie 2001/23/EG.[202] Unionsrechtliche Richtlinien nehmen jedoch nicht stets Bezug auf den unionsrechtlichen Arbeitnehmerbegriff. Während die Richtlinie 92/85/EWG den unionsrechtlichen Arbeitnehmerbegriff heranzieht und damit den GmbH-Geschäftsführer zum Arbeitnehmer macht, werden in der Richtlinie 2001/23/EG explizit Arbeitnehmer im Sinne der Mitgliedsstaaten und des einzelstaatlichen Arbeitsrechts geschützt.[203] Nach dem deutschen Recht ist der GmbH-Geschäftsführer aber kein Arbeitnehmer.[204] Das Arbeitsverhältnis des GmbH-Geschäftsführers ist demnach nicht von § 613a BGB erfasst und geht demnach auch nicht nach § 613a Abs. 1 S. 1 BGB auf den Erwerber im Zuge des Betriebsübergangs über.[205]

bb) Umgang mit GmbH Geschäftsführung beim Asset Deal

Wenn das Angestelltenverhältnis des GmbH-Geschäftsführers nicht durch Gesetz bei Betriebsübergang auf den Erwerber übergeht, hat der Erwerber grundsätzlich die freie Entscheidung, ob er mit der bisherigen Geschäftsführung

---

201 EuGH Urteil v. 11.11.2010 – C – 232/09 – Danosa.
202 ErfK-*Preis*, BGB § 613a Rn. 1.
203 RL 2001/23/EG Art. 2 Abs. 1 d.).
204 BAG v. 15.03.2011 – 10 AZB 32/10, NZA 2011, 874.
205 Jauernig-*Mansel*, BGB § 613a Rn. 2; ErfK-*Preis*, BGB § 613a Rn. 67; a. A. Vgl. MüKo-*Müller-Glöge*, BGB § 613a Rn. 82.

weiterarbeiten will oder nicht, solange die Geschäftsführung einer Weiterbeschäftigung ebenfalls zustimmt.

Im dem Fall, dass der Erwerber mit einzelnen Mitgliedern oder der gesamten Geschäftsführung weiterarbeiten möchte, stehen dem Erwerber zwei Möglichkeiten offen. Zum einen kann er in den bestehenden Angestelltenvertrag der GmbH mit der Geschäftsführung eintreten; dazu bedarf es jedoch der ausdrücklichen Zustimmung zur Vertragsübernahme der Vertragspartei also dem Geschäftsführer bzw. den Geschäftsführern.[206] Zum anderen kann der Erwerber der Geschäftsführung ein neues von ihm selbst verfasstes Vertragsangebot unterbreiten. Das neue Vertragsangebot soll Abwandern von Wissen und Führungsqualität verhindern, weshalb das Angebot dem bisherigen Vertrag in der Regel mindestens entsprechen wird.[207]

2. Vorstand der Aktiengesellschaft

a) Share Deal

Bei der Aktiengesellschaft ist besonders der Vorstand für eine erfolgreiche Integration zu betrachten. Dabei ist der Wille des Vorstands, die Integration mit seiner Person zu unterstützen, abhängig vom Verlauf der Übernahme. Grundsätzlich hat, wie bei der GmbH, ein Kauf der Unternehmensanteile keinen Einfluss auf die Verträge zwischen Aktiengesellschaft und Vorstand.

aa) Abberufung des Vorstands einer Aktiengesellschaft

Ist eine Zusammenarbeit mit dem bestehenden Vorstand nach dem Unternehmenskauf nicht gewünscht, bleibt neben einer einvernehmlichen Aufhebung nur die Abberufung des Vorstands, um das Verhältnis vorzeitig zu beenden. Dabei ist, ähnlich wie bei der GmbH, auf das Trennungsprinzip zu achten, nachdem zwischen der körperschaftlichen Organstellung und dem schuldrechtlichen Anstellungsverhältnis unterschieden werden muss.[208]

(1) Abberufung von der Organstellung

Die Abberufung aus der Organstellung erfolgt durch den Widerruf der Bestellung gem. § 84 Abs. 3 AktG. Demzufolge hat der Widerruf durch den Aufsichtsrat zu erfolgen, der seinen Willen durch einen Beschluss gem. § 108 Abs. 1 AktG

---

206 *Stiller*, BB 2002, 2619, 2624.
207 Picot[M&A]-*Picot*, 586.
208 BGH v. 09.07.1990 – II ZR 194/89, BGHZ 112, 103, 115.

zum Ausdruck bringt. Eine Abberufung kann laut § 84 Abs. 3 AktG stets nur bei Vorliegen eines wichtigen Grundes erfolgen. Damit soll, im Unterschied zum GmbH-Geschäftsführer, die Leitungsautonomie gem. § 76 Abs. 1 AktG sichergestellt werden.[209]

Als nicht abschließende, beispielhafte wichtige Gründe nennt das Gesetz die Pflichtverletzung, die Unfähigkeit zur ordnungsgemäßen Geschäftsführung und den Vertrauensentzug durch die Hauptversammlung. Für den Unternehmenskauf erscheint besonders letzterer Grund ausschlaggebend, da bei einem Share Deal der Allein- oder zumindest Mehrheitsaktionär gewechselt hat. Eine Abberufung durch Vertrauensentzug der Hauptversammlung bedarf eines Beschlusses der Hauptversammlung, auch wenn es sich um Allein- oder Mehrheitsaktionäre handelt.[210] Ein Grund für den Vertrauensentzug kann bereits durch Meinungsverschiedenheiten bei Unternehmensentscheidungen vorliegen.[211] Über die namentlich genannten Gründe hinaus zählen alle Tatsachen, die eine Fortsetzung des Organverhältnisses mit dem Vorstandsmitglied bis zum Ende seiner Amtszeit als unzumutbar erscheinen lassen, als wichtiger Grund, der den Aufsichtsrat dazu berechtigt, den Vorstand abzuberufen.[212] Die Restrukturierung der Geschäftsleitung kann im Einzelfall solch ein wichtiger Grund im Sinne von § 84 Abs. 3 AktG sein, solange für die Umstrukturierung gewichtige Gründe sprechen.[213] Bei den gewichtigen Gründen gilt es abzuwägen zwischen der Zumutbarkeit der Abbestellung für das Vorstandsmitglied und dem Gewicht des Umstrukturierungsmotivs. Ein gewichtiges Umstrukturierungsmotiv kann sein, dass von Seiten Dritter Druck aufgebaut wird, den Vorstand umzustrukturieren, da der Gesellschaft ansonsten ein nicht abwendbarer und erheblicher Schaden droht, wie beispielsweise die Drohung, die Kreditlinie nicht zu verlängern.[214]

Seine Wirksamkeit entfaltet der Abberufungsbeschluss mit Zugang beim betroffenen Vorstandsmitglied.[215] Die verbliebenen Vorstände müssen das Ausscheiden des Abberufenen gem. § 81 Abs. 1 AktG zur Eintragung ins Handelsregister anmelden.

---

209 Spindler/Stilz-*Fleischer*, § 84 Rn. 99.
210 Heidel-*Oltmanns*, § 84 Rn. 24; Spindler/Stilz-*Fleischer*, § 84 Rn. 111.
211 Vgl. Heidel-*Oltmanns*, § 84 Rn. 24.
212 BGH v. 23.10.2006 – II ZR 298/05, DB 2007, 158.
213 Hüffer-*Koch*, § 84 Rn. 35.
214 KölnK-AktG-*Mertens/Cahn*, § 84 Rn. 131.
215 Hölters AktG-*Weber*, § 84 Rn. 79.

(2) Kündigung des Anstellungsvertrags

Die Kündigung des Anstellungsvertrags richtet sich gem. § 84 Abs. 3 S. 5 AktG nach den allgemeinen Vorschriften des BGB zur ordentlichen (§ 620 ff. BGB) und außerordentlichen Kündigung (§ 626 BGB). Der Widerruf der Bestellung des Vorstands hat keinen direkten Einfluss auf den Anstellungsvertrag. In der Praxis wird jedoch häufig vereinbart, dass der Bestellungswiderruf einen wichtigen Grund für eine außerordentliche Kündigung des Anstellungsvertrags darstellt.[216]

Unter Einhaltung der gesetzlichen Kündigungsfrist kann das Anstellungsverhältnis auch ohne wichtigen Grund ordentlich gekündigt werden. Die außerordentlichen Kündigung hingegen bedarf eines wichtigen Grundes gem. § 626 Abs. 1 BGB. Dieser muss die Ursache dafür sein, dass eine Fortsetzung des Anstellungsverhältnisses bis zum Ablauf der ordentlichen Kündigung oder zum Ende des Dienstvertrags nicht zumutbar ist.[217] Vor allem dann, wenn der Grund für den Bestellungswiderruf der Vertrauensentzug durch die Hauptversammlung war, muss bei der außerordentlichen Kündigung des Anstellungsvertrags nicht auf den Vertrauensentzug, sondern vielmehr auf die Begründung für den Vertrauensentzug abgestellt werden. Der Vorstand soll die sozialen Folgen einer außerordentlichen Kündigung nur tragen, wenn sie ausreichend begründet ist.[218]

Zusätzlich verlangt die außerordentliche Kündigung auch für Vorstände gem. § 626 Abs. 2 S. 1 BGB die Einhaltung der Kündigungserklärungsfrist von zwei Wochen nach Kenntnisnahme des Kündigungsberechtigten über die Kündigungsgründe. Für die Kündigung des Anstellungsvertrags ist der Aufsichtsrat gem. § 112 AktG zuständig.[219]

bb) Bestellung des neuen Vorstands

Während die Abberufung auch durch den Vertrauensentzug der Hauptversammlung initiiert werden kann, hat die Bestellung des Vorstands gem. § 84 Abs. 1 S. 1 AktG nur durch den gesamten Aufsichtsrat zu erfolgen, der die Aktiengesellschaft gegenüber dem Vorstand gem. § 112 S. 1 AktG vertritt. Die Bestellung des Vorstands gilt als Kernkompetenz, die ausschließlich dem Aufsichtsrat

---

216 Henssler/Strohn-*Dauner-Lieb*, AktG § 84 Rn. 40; Spindler/Stilz-*Fleischer*, § 84 Rn. 145.
217 Hüffer-*Koch*, § 84 Rn. 50.
218 Hüffer-*Koch*, § 84 Rn. 50.
219 Henssler/Strohn-*Dauner-Lieb*, AktG § 84 Rn. 39.

zugeschrieben ist. Der gesamte Bestellvorgang besteht aus Bestellungsbeschluss, -erklärung und der Annahme durch den Bestellten.[220]

Die Kompetenz zur Bestellung bedeutet indes nicht, dass sich der gesamte Aufsichtsrat mit der Suche nach einem neuen Vorstand beschäftigen muss. Die Suche kann auf einzelne Mitglieder oder einen Personalausschuss übertragen werden.[221] Lediglich bei der Abstimmung muss der Aufsichtsrat weiterhin die Möglichkeit haben vorausgewählte Kandidaten ablehnen zu können.[222] Außerdem ist die Bestellung auf maximal fünf Jahre ab Beginn der Amtszeit befristet, § 84 Abs. 1 S. 1 AktG. Wird eine Verlängerung der Amtszeit gewünscht, so muss der Aufsichtsrat den Vorstand erneut bestellen.[223]

b) Asset Deal

Der Unternehmenskauf als Asset Deal sieht vor, jedes einzelne Wirtschaftsgut eines Unternehmens einzelrechtlich zu erwerben. Der Unternehmenskauf unterscheidet danach, ob es lediglich zum Kauf eines Teils des Unternehmens kommt oder ob das gesamte Unternehmen gekauft wird. Grundsätzlich leitet der Vorstand gem. § 76 Abs. 1 AktG die Aktiengesellschaft. Zu seinen Leitungsaufgaben zählt die Unternehmenspolitik und Unternehmensorganisation, die den Verkauf von Unternehmensteilen vorsehen kann.[224] Die Veräußerung eines Unternehmensteils hat grundsätzlich keine Auswirkungen auf das Bestehen der Aktiengesellschaft und damit auch keinen Einfluss auf die Vorstandsverhältnisse. Die Integration muss sich bei Teilunternehmenskäufen somit vorwiegend mit den Voraussetzungen und Folgen von § 613a BGB beschäftigen.

Für die Frage zur Integration des Vorstands im Falle eines vollständigen Unternehmenskaufs muss man sich vor Augen führen, wie ein solcher Kaufvertrag zu Stande kommt. Die Kompetenz zur Verhandlung über den Verkauf der Aktiengesellschaft liegt als Vertretungsberechtigter weiterhin beim Vorstand.[225] Ein solcher Vorgang unterliegt zusätzlich den Vorgaben aus § 179a AktG, der in Absatz 1 zur wirksamen Übertragung des gesamten Gesellschaftsvermögens einen diesbezüglichen Beschluss der Hauptversammlung voraussetzt. Der Vorstand wird jedoch in den seltensten Fällen einen für ihn nachteiligen Vertrag

---

220 Hölters AktG-*Weber*, § 84 Rn. 3.
221 *Van Kann*, Rn. 6.
222 Vgl. Hölters AktG-*Weber*, § 84 Rn. 9.
223 MüKo AktG-*Spindler*, § 84 Rn. 47.
224 Vgl. Hölters AktG-*Weber*, § 76 Rn. 10.
225 *Van Kann*, Rn. 118 ff.

aushandeln. Die Integration beginnt für den Erwerber in diesem Fall schon beim Verhandeln. Wenn der Erwerber den alten Vorstand nicht in das neue Unternehmen einbinden will, muss er dem Vorstand einen finanziellen Anreiz bieten, der ihn einem Verkauf zustimmen lässt. Soll das Fach- und Führungswissen erhalten bleiben, können dem Vorstand neben der Vorstandsposition im neuen Unternehmen auch Beraterverträge, Vorstandsposten oder Aufsichtsratsposten im neuen Unternehmen angeboten werden.

II. Unternehmensfrieden durch Doppelmandate sichern

Besonders die Verhandlungen mit dem Vorstand bei einem Asset Deal zeigen, dass es noch weitere Möglichkeiten im Umgang mit der Unternehmensführung gibt, die zu einer verbesserten Post Merger Integration führen können. Eine besondere Möglichkeit sind sogenannte Doppelmandate, die zu einer gesteigerten Kommunikation und damit verbesserten Integration führen. Doppelmandate können auch bei einem Share Deal als Mittel der Integration eingesetzt werden. Vorstandsdoppelmandate sind für die Integration vor allem bei konzernmäßig verbundenen Unternehmen von Bedeutung. Der Konzernverbund besteht in den meisten Fällen aus herrschenden und abhängigen Unternehmen.[226]

1. Formen von Doppelmandaten

Doppelmandate sind personelle Verflechtungen, bei denen einzelne oder mehrere Personen sowohl in der herrschenden als auch in der abhängigen Gesellschaft eine leitende Position einnehmen.[227] Zu den nach dem AktG zulässigen Konstellationen zählen: ein Vorstandsmandat in herrschender und abhängiger Gesellschaft, ein Vorstandsmandat in herrschender und ein Aufsichtsratsmandat in abhängiger Gesellschaft, ein Vorstandsmandat in herrschender Aktiengesellschaft und eine Geschäftsführertätigkeit in abhängiger GmbH sowie der umgekehrte Fall, dass die GmbH herrschende Gesellschaft ist und die Aktiengesellschaft abhängig.[228] Bei Fusionen sind zudem Vorstandsmandate in Schwestergesellschaften denkbar und in allen Fällen können Vorstandsmandate mit Beiratstätigkeiten verbunden sein.[229]

---

226 Vgl. *Decher*, S. 19 f.
227 *Anders*, S. 17.
228 *Hommelhoff*, 107, 122; *Anders*, S. 19 f.
229 *Anders*, S. 20; *Biehler/Ortmann*, DBW 1985, 4, 9.

2. Vor- und Nachteile für die Integration

Für eine möglichst reibungsfreie Integration bieten Doppelmandate einige Vorteile. Mit der Doppelfunktion einzelner Mitarbeiter kann sichergestellt werden, dass sowohl untergeordnete als auch herrschende Gesellschaft einheitlich im Sinne des Integrationsprozesses geführt werden. Gleichzeitig sichert der Einzug eines Vorstands oder Aufsichtsratsmitglieds beim untergeordneten Unternehmen, dass die Interessen der herrschenden Gesellschaft durchgesetzt werden.[230] Außerdem bietet das Doppelmandat die Möglichkeit die Führungsebene des untergeordneten Unternehmens besser zu kontrollieren und im Sinne der Integration beispielsweise Synergien zu ermitteln oder Personaleinschätzungen im direkten Umfeld vorzunehmen.[231]

Besonders bedeutend ist die Verbesserung der Kommunikation durch Doppelmandatsträger. Sie führen zu einem Annähern der abhängigen an die herrschende Gesellschaft. Der abhängigen Gesellschaft ist es möglich ihre Interessen direkt und zügig an die herrschende Gesellschaft zu vermitteln und der Doppelmandatsträger, der in beiden Gesellschaften tätig ist, wird die Interessen ebenfalls an der Unternehmensspitze vertreten.[232] Dadurch gelingt gleichzeitig eine Aufwertung der abhängigen Gesellschaft.[233] Die Kombination aus Aufwertung und Berücksichtigung der Interessen, führt zu einer gestärkten Motivation im abhängigen Unternehmen, da dessen Interessen beim Entscheidungsprozess als ausreichend vertreten angesehen werden. Einen weiteren Vorteil der verbesserten Kommunikation stellt die Möglichkeit für schnelle Entscheidungen dar, weil viele Dinge ohne Verzögerung in einem Gespräch geklärt werden können. So können Probleme schneller bewältigt und durch schnellere Informationswege eine bessere Koordinierung geschaffen werden.[234] Diese Vorteile sind vor allem in der Post Merger Integration, bei der es um schnelle und reibungslose Abläufe geht, von besonderer Bedeutung.

Durch ein Doppelmandat erübrigt sich auch die Suche nach einem geeigneten Vorstand, der das Vertrauen der herrschenden Gesellschaft genießt, denn für das Doppelmandat kommen nur bewährte Führungspersönlichkeiten der herrschenden Gesellschaft infrage.[235]

---

230 Vgl. *Hoffmann-Becking*, ZHR 1986, 570, 578.
231 Vgl. *Anders*, S. 66.
232 *Eversberg*, S. 27.
233 *Decher*, S. 73 f.
234 *Anders*, S. 72.
235 *Anders*, S. 74.

Den Vorteilen stehen einige Gefahren als Nachteile gegenüber, die es im Zusammenhang der Wahl eines Doppelmandats zur Verbesserung des Post Merger Integrationsprozesses abzuwägen gilt. Ein Hauptproblem könnte darin liegen, dass es bei der Etablierung eins neuen Vorstands in der abhängigen Gesellschaft zu einer schwerwiegenden Störung der Zusammenarbeit zwischen alten Vorständen und dem Doppelmandatsträger kommen kann.[236] Gleichzeitig werden sich die Mitarbeiter des abhängigen Unternehmens fragen, für welche Seite sich der Doppelmandatsträger im Falle von Meinungsverschiedenheiten zwischen herrschendem und abhängigem Unternehmen entscheiden wird.[237] Dieser Loyalitätskonflikt kann zu dem Problem führen, dass bei der Entscheidung für die „falsche" Seite mit einem Vertrauensverlust gegenüber den Mitarbeitern gerechnet werden muss. Zusätzlich könnte die Arbeitsbelastung für den Doppelmandatsträger zum Problem werden, da besonders der Integrationsprozess sehr zeitaufwendig ist. Es muss auf die Arbeitsbelastung des Doppelmandatsträgers in beiden Unternehmen geachtet werden.[238]

Die Nachteile müssen gegenüber den Vorteilen abgewogen werden, wobei im Regelfall die Vorteile überwiegen werden,[239] da den Gefahren wie dem Loyalitätskonflikt oder der Arbeitsüberlastung durch Maßnahmen, wie der Entlastung des Doppelmandatsträgers von anderen Aufgaben für den Integrationsprozess und die Kommunikation über Entscheidungen im Falle möglicher Interessenkonflikte, begegnet werden kann. Deshalb bieten Doppelmandate vor allem für die in der Integrationsphase wichtige gesteigerte Kommunikation sowohl innerhalb der Unternehmensführungen als auch zwischen Unternehmensführung und Arbeitnehmern eine besondere Möglichkeit die Integration voranzutreiben.

III. Belegschaft

Die personelle Integration der Belegschaft wird in erster Linie durch die gesetzlichen Vorgaben bestimmt. Wie beim Führungspersonal sollte auch hier ermittelt werden, welche Personen unabdingbar für das Unternehmen sind. Allerdings sind diese Vorüberlegungen im Unterschied zu Vorständen und anderen Führungspersonen von geringerer Bedeutung, weil § 613a BGB die Handlungsmöglichkeiten des Erwerbers einschränkt. Damit ist § 613a BGB die zentrale Norm für das Integrationsmanagement der Belegschaft, und sie ist maßgebend

---

236 Vgl. *Decher*, S. 198.
237 *Hommelhoff*, 107, 124.
238 Vgl. *Anders*, S. 81.
239 Vgl. *Anders*, S. 81.

für die Entscheidung welche Arbeitnehmer beim Unternehmenskauf mit übergehen. Integrationsmaßnahmen bilden dabei in erster Linie die Möglichkeiten die § 613a BGB dem Erwerber einräumt. Eine weitere große Bedeutung für den Integrationsplan bilden die zu berücksichtigenden Mitbestimmungsrechte. Außerdem sind für die Integration die Reaktionsmöglichkeiten der Arbeitnehmer und Arbeitnehmervertreter auf den Unternehmenskauf bedeutend.

1. Arbeitsrechtliche Integration der Arbeitnehmer durch § 613a BGB

Die Notwendigkeit einer Integration der Belegschaft ergibt sich aus § 613a BGB. Danach wird gem. § 613a Abs. 1 BGB bestimmt, dass der neue Inhaber bei einem Betriebs- oder Betriebsteilübergang in alle Rechte und Pflichten der bestehenden Arbeitsverhältnisse eintritt.

a) Voraussetzungen des § 613a BGB

§ 613a BGB findet unter vier Voraussetzungen Anwendung: Es muss ein Betrieb oder Betriebsteil übergehen, es muss ein Betriebsinhaberwechsel statt finden, dieser muss durch Rechtsgeschäft erfolgen und es muss zu einem tatsächlichen Übergang mit Betriebsfortführung kommen.

aa) Übergang eines Betriebs oder Betriebsteils

Während im Gesetz noch von der Voraussetzung des Übergangs eines Betriebs oder Betriebsteils gesprochen wird, hat das BAG, dem EuGH folgend,[240] heute daraus den Begriff des Übergangs einer „identitätswahrenden wirtschaftlichen Einheit" entwickelt.[241] Eine Einheit ist die organisierte Gesamtheit von Personen und Gegenständen zur Ausübung einer wirtschaftlichen Tätigkeit mit eigener Zielsetzung.[242] Zur Einschätzung, ob es sich um eine wirtschaftliche Einheit im Sinne von § 613a BGB handelt, haben EuGH und BAG einen Katalog von sieben Kriterien entwickelt, deren Gesamtbetrachtung zu einer Beurteilung der Frage führen soll, ob es sich um den Übergang einer wirtschaftlichen Einheit handelt.[243] Zu den Kriterien zählen die Art des Betriebs, der Übergang oder ausbleibende Übergang von materiellen Betriebsmitteln wie Gebäude oder Produktionsanlagen, der Wert immaterieller Aktiva, die etwaige Übernahme der

---

240 Vorabentscheidung des EuGH zur RL 2001/23/EG.
241 BAG v. 13.11.1997 – 8 AZR 375/96, BAGE 87, 120 f.
242 EuGH v. 11.03.1997 – Rs C-13/95 – Ayse Süzen.
243 Wedde-*Paki*, BGB § 613a Rn. 9.

Hauptbelegschaft, die Übernahme des Kundenstamms, der Grad der Ähnlichkeit zwischen den verrichteten Tätigkeiten vor und nach dem Übergang und die Dauer eventueller Unterbrechungen dieser Tätigkeit.²⁴⁴ Auch beim Betriebsteil kommt es auf die identitätswahrende Einheit an. Jedoch ist ein Betriebsteil, in Abgrenzung zum Gesamtbetrieb, ein Teilbetrieb. Dies ist eine abtrennbare organisatorische Einheit innerhalb eines Gesamtbetriebs, die einen Teilzweck verfolgt.²⁴⁵

Das Weiterbestehen der Organisationsstruktur wird nicht als Kriterium für den Übergang einer identitätswahrenden Einheit angesehen, da ansonsten durch einfache Strukturänderungen die Rechtsfolgen von § 613a BGB vermieden werden könnten.²⁴⁶ Zu einer Strukturänderung kann es jedoch schon durch eine Eingliederung in das Erwerberunternehmen kommen, dieser Umstand soll die Rechtsfolgen von § 613a BGB jedoch nicht ausschließen.²⁴⁷ Viel mehr sollen funktionale Verknüpfungen zwischen einzelnen Betriebsmitteln und einzelnen Betriebszwecken als Anzeichen für eine identitätswahrende Einheit herangezogen werden.²⁴⁸ Das bedeutet, die Rechtsfolge von § 613a BGB kann nur vermieden werden, wenn solche funktionalen Verknüpfungen aufgelöst werden.²⁴⁹

Zusätzlich wird verlangt, dass der zu übertragende Betrieb auf Dauer angelegt ist.²⁵⁰ Damit ist nicht gemeint, dass der Betrieb noch auf unbestimmte Zeit existieren muss. Erforderlich ist lediglich ein fortschreitendes Handeln, das über das einmalige Ausführen eines Vorhabens hinaus geht.²⁵¹

bb) Betriebsinhaberwechsel

Der Betriebsübergang gem. § 613a Abs. 1 S. 1 BGB setzt voraus, dass es zu einem Inhaberwechsel kommt. Dabei wird der bisherige Betriebsinhaber durch einen neuen Inhaber ersetzt, der das Unternehmen im eigenen Namen fortführt. Als Betriebsinhaber kommen sowohl natürliche Personen und Personengesellschaften in Betracht als auch juristische Personen.²⁵² Maßgeblich für

---

244 EuGH v. 11.03.1997 – C-13/95; BAG v. 11.09.1997 – 8 AZR 555/95.
245 Däubler/Hjört/Schubert/Wolmerath-*Karthaus/Richter*, BGB § 613a Rn. 12.
246 BAG v. 24.04.2008 – 8 AZR 268/07, NZA 2008, 1314–1318.
247 Henssler/Willemsen/Kalb-*Willemsen*, BGB § 613a Rn. 90.
248 EuGH v. 12.02.2009 – C-466/07; Henssler/Willemsen/Kalb-*Willemsen*, BGB § 613a Rn. 18.
249 BAG v. 17.12.2009 – 8 AZR 1019/08, NZA 2010, 499–502.
250 EuGH v. 19.09.1995 – C-48/94.
251 Däubler/Hjört/Schubert/Wolmerath-*Karthaus/Richter*, BGB § 613a Rn. 11.
252 Wedde-*Paki*, BGB § 613a Rn. 21.

einen Inhaberwechsel ist der Wechsel der Rechtspersönlichkeit des Betriebsinhabers.[253] Rechtsformwechsel und formwechselnde Umwandlungen im Sinne der §§ 190 ff. UmwG stellen keine Betriebsinhaberwechsel dar und unterliegen deshalb nicht § 613a BGB.[254] Bei der Betriebsspaltung verhält es sich wie folgt: Falls dort nur eine Spaltung innerhalb eines Betriebes vollzogen wird, greift § 613a BGB ebenfalls nicht. Wenn jedoch ein Betriebsteil bei der Spaltung auf ein anderes Unternehmen übertragen wird, liegt ein Betriebsinhaberwechsel vor.[255]

cc) Rechtsgeschäft

Der gesamte Betriebsübergang muss gem. § 613a BGB durch ein Rechtsgeschäft begründet sein. Dieser Tatbestand soll den Anwendungsbereich von § 613a BGB gegenüber der Gesamtrechtnachfolge und der Übertragung aufgrund eines Hoheitsaktes abgrenzen.[256] Deshalb sind die Anforderungen an die Voraussetzung der Übertragung durch ein Rechtsgeschäft nicht hoch. Zu einer rechtgeschäftlichen Übertragung kommt es, wenn zwischen Erwerber und Veräußerer ein Rechtsgeschäft abgeschlossen wurde und dann der Betrieb durch den Erwerber tatsächlich fortgeführt wurde.[257] Die üblichen Formen dafür sind der Abschluss eines Kaufvertrages oder andere Rechtsgeschäfte wie Miet-, Pacht-, Leasing- und Schenkungsverträge, auch unter der aufschiebenden Bedingung der vollständigen Kaufpreiszahlung.[258] Bei der Gesamtrechtsnachfolge kommt § 613a BGB hingegen zur Anwendung, da § 324 UmwG explizit auf die Rechtfolgen aus § 613a BGB verweist.

dd) Tatsächlicher Übergang mit Betriebsfortführung

Eine weitere Voraussetzung des Betriebsübergangs gem. § 613a BGB ist der tatsächliche Übergang und die Fortführung durch den Erwerber. Ein tatsächlicher Übergang erfolgt, wenn der Veräußerer seine wirtschaftliche Betätigung im Betrieb aufgegeben hat, also die Organisations- und Leitungsmacht aufgibt, und der Erwerber beginnt, den Betrieb im eigenen Namen zu führen und diese Macht übernimmt.[259] Führt der Erwerber den Betrieb überhaupt nicht oder folgt

---

253 Ascheid/Preis/Schmidt-*Steffan*, BGB § 613a Rn. 49.
254 Hölters-*Bauer/von Steinau-Steinrück/Thees*, Teil V Rn. 57.
255 BAG v. 19.01.1988 – 3 AZR 263/86, BAGE 57, 198–205.
256 ErfK-*Preis*, BGB § 613a Rn. 58.
257 ErfK-*Preis*, BGB § 613a Rn. 58.
258 Dornbusch/Fischermeier/Löwisch-*Bayreuther*, BGB § 613a Rn. 29.
259 Ascheid/Preis/Schmidt-*Steffan*, BGB § 613a Rn. 57.

die sofortige Betriebsstilllegung kommt es nicht zu einem Betriebsübergang bzw. findet keine Betriebsfortführung statt.[260]

b) Rechtsfolge des § 613a BGB

Das Gesetz sieht laut § 613a Abs. 1 BGB zwei Rechtsfolgen vor: Zum einen soll der Erwerber gem. § 613a Abs. 1 S. 1 BGB in die Rechte und Pflichten aus den zum Zeitpunkt des Übergangs bestehenden Arbeitsverhältnissen eintreten. Zum anderen werden Tarifverträge und Betriebsvereinbarungen gem. § 613a Abs. 1 S. 2 BGB „Inhalt des Arbeitsverhältnisses zwischen dem neuen Inhaber und dem Arbeitnehmer".

aa) Übergang der Arbeitsverhältnisse
(1) Arbeitgeberwechsel

Das von § 613a Abs. 1 S. 1 BGB vorgesehene Eintreten des neuen Inhabers in Rechte und Pflichten der bestehenden Arbeitsverhältnisse führt zu einem gesetzlichen Vertragspartnerwechsel auf Arbeitgeberseite.[261] Dabei soll das bestehende Arbeitsverhältnis inhaltlich unverändert bleiben.[262] Es bedarf keiner Zustimmung durch den Arbeitnehmer, ihm wird lediglich ein Widerspruchsrecht eingeräumt.[263] Der Wechsel des Arbeitgebers erfolgt nicht zum Zeitpunkt des Abschlusses des Rechtsgeschäfts, sondern mit der tatsächlichen Übernahme des Betriebs.[264]

(2) Erfasste Anstellungsverhältnisse

Für die Ausarbeitung von Integrationsmaßnahmen ist es von besonderer Bedeutung, welche Anstellungsverhältnisse zu den Arbeitsverhältnissen gem. § 613a Abs. 1 S. 1 BGB zählen und auf den Erwerber übergehen. Grundsätzlich richtet sich der Übergang der Anstellungsverhältnisse nach dem Arbeitnehmerbegriff. Demnach sind besonders selbstständige Mitarbeiter mit ihren Dienstverhältnissen von den Rechtsfolgen des § 613a BGB nicht erfasst.[265] Positionen wie

---

260 MüKo-*Müller-Glögel*, BGB § 613a Rn. 57 ff.
261 ErfK-*Preis*, BGB § 613a Rn. 66.
262 Ascheid/Preis/Schmidt-*Steffan*, BGB § 613a Rn. 80.
263 BAG v. 30.10.1986 – 2 AZR 101/85, BAGE 53, 251–257.
264 ErfK-*Preis*, BGB § 613a Rn. 66.
265 BAG v. 13.02.2003 – 8 AZR 59/02, NZA 2003, 854–856.

Geschäftsführer und Vorstandsmitglieder, die nicht unter den Arbeitnehmerbegriff fallen, werden ebenfalls nicht erfasst.[266] Von den Rechtsfolgen erfasst werden hingegen Anstellungsverhältnisse von Arbeitern, Angestellten und Auszubildenden.[267] Genauso entfaltet sich die Wirkung auf ruhende, befristete oder Teilzeitarbeitsverhältnisse.[268] Auch noch zum Zeitpunkt des Betriebsübergangs bestehende aber bereits gekündigte Arbeitsverhältnisse gehen auf den Erwerber über.[269]

Anstellungsverhältnisse von leitenden Angestellten werden von § 613a BGB ebenfalls erfasst.[270] Für den Integrationsprozess bedeutet dies eine Erleichterung, wenn es um die Erhaltung von firmenspezifischem Humankapital geht, da die leitenden Angestellten davon oft am meisten besitzen. Dieser Vorteil besteht, solange keine Widersprüche gegen die arbeitsrechtliche Integration nach § 613a BGB von Seiten der Angestellten erfolgen. Während § 613a BGB besonders dem Schutz der Arbeitnehmer im Fall von Betriebsübernahmen dient, ermöglicht er dem neuen Arbeitgeber gleichzeitig, Kosten und Maßnahmen zur Erhaltung von firmenspezifischen Wissen und Arbeitnehmern in Schlüsselpositionen so gering wie möglich zu halten: Lediglich die Arbeitnehmer, die potentiell widersprechen und dem Erwerber wichtig sind, müssen gesondert behandelt werden.

Arbeitsverhältnisse, die bereits beendet wurden bevor der Betrieb übergegangen ist, werden nicht vom § 613a BGB erfasst.[271] Das bezieht sich zum einen auf Arbeitnehmer, die sich bereits im Ruhestand befinden, zum anderen aber auch auf Arbeitnehmer, deren Arbeitsverhältnis wirksam gekündigt wurde, wenn das Arbeitsverhältnis beendet wird bevor der Betrieb übergegangen ist.

(3) Eintritt in Rechte und Pflichten

Durch den Übergang des Arbeitsverhältnisses gem. § 613a Abs. 1 BGB geht gleichzeitig der Arbeitsvertrag mit seinen Inhalten über. Der Inhalt des Arbeitsvertrags wird dabei nicht verändert, sodass dynamische Bezugnahmeklauseln, die Regelungen aus einem Tarifvertrag in seiner jeweiligen Fassung zum Inhalt

---

266 Hölters-*Bauer/von Steinau-Steinrück/Thees*, Teil V Rn. 96.
267 ErfK-*Preis*, BGB § 613a Rn. 67.
268 Dornbusch/Fischermeier/Löwisch-*Bayreuther*, BGB § 613a Rn. 39.
269 Dornbusch/Fischermeier/Löwisch-*Bayreuther*, BGB § 613a Rn. 41.
270 MüKo-*Müller-Glögel*, BGB § 613a Rn. 80; ErfK-*Preis*, BGB § 613a Rn. 67; Dornbusch/Fischermeier/Löwisch-*Bayreuther*, BGB § 613a Rn. 39; Ascheid/Preis/Schmidt-*Steffan*, BGB § 613a Rn. 80.
271 ErfK-*Preis*, BGB § 613a Rn. 69.

des Arbeitsvertrages machen, beim Erwerber weiterhin dynamische Geltung haben.[272]

Der Eintritt des Erwerbers in Rechte und Pflichten der bestehenden Arbeitsverhältnisse gem. § 613a Abs. 1 BGB führt dazu, dass den Erwerber alle Verbindlichkeiten aus den zum Zeitpunkt des Übergangs bestehenden Arbeitsverhältnissen treffen. So muss der Erwerber dieselben Löhne zahlen wie der Veräußerer.[273] Er tritt auch in zukünftige Verpflichtungen wie offene Urlaubsansprüche und zukünftige Ansprüche aus der Altersversorgung, wenn der Arbeitnehmer noch nicht ausgeschieden ist, ein.[274] Der Erwerber muss jedoch nicht für vom Veräußerer nicht beglichene Sozialversicherungs- oder Lohnsteuerabgaben aufkommen, da § 613a BGB zum Schutz der Arbeitnehmer dient, nicht aber den Staat vor Zahlungsausfällen schützen soll.[275]

Für die Umstrukturierung ist auch die Betriebszugehörigkeit bedeutsam. Mit zunehmender Betriebszugehörigkeit verlängern sich auch die Kündigungsfristen gem. § 622 Abs. 2 BGB. Auch wenn die Betriebszugehörigkeit keine Rechte begründet, soll sie dennoch Rechte wie längere Kündigungsfristen sichern, die Dauer der Betriebszugehörigkeit geht damit auf den Erwerber über.[276]

Der Erwerber tritt nicht nur in die Pflichten, sondern auch in die Rechte des Veräußerers ein. Dies gilt auch für ein etwaiges Wettbewerbsverbot. Der Arbeitnehmer unterliegt auch beim neuen Eigentümer dem gesetzlichen Wettbewerbsverbot, beispielsweise durch § 60 HGB. Das Wettbewerbsverbot bezieht sich auf den aktuellen Betrieb, weshalb es sich, wenn der Erwerber den Betriebszweck ausweitet, erweitert.[277] Auch in die Rechte und Pflichten in Bezug auf ein vereinbartes nachvertragliches Wettbewerbsverbot tritt der Erwerber ein, sobald der Arbeitnehmer aus dem Betrieb ausscheidet.[278]

Nicht übertragen werden höchstpersönliche Pflichten des Arbeitgebers. Als höchstpersönlich gelten Pflichten, die dem Erwerber unmöglich sind zu erfüllen, § 275 BGB.[279] Dazu zählen beispielsweise Verpflichtungen aus

---

272 MüKo-*Müller-Glögel*, BGB § 613a Rn. 89; Ascheid/Preis/Schmidt-*Steffan*, BGB § 613a Rn. 144.
273 MüKo-*Müller-Glögel*, BGB § 613a Rn. 90.
274 JurisPK-BGB-*Kliemt/Teusch*, § 613a Rn. 68.
275 JurisPK-BGB-*Kliemt/Teusch*, § 613a Rn. 68.
276 Vgl. BAG v. 05.02.2004 – 8 AZR 639/02, NZA 2004, 845–847; Ascheid/Preis/Schmidt-*Steffan*, BGB § 613a Rn. 96.
277 ErfK-*Preis*, BGB § 613a Rn. 80.
278 BAG v. 27.11.91 – 4 AZR 211/91.
279 *Grau/Schnitker*, BB 2002, 2497, 2500.

Aktienoptionsplänen für Drittunternehmen. Auch handelsrechtliche Vollmachten oder Prokura gehen nicht mit über.[280]

Grundsätzlich spricht § 613a Abs. 1 S. 1, 2 BGB von einer Weitergeltung der Arbeitsbedingungen. Die Weitergeltung lässt dem neuen Arbeitgeber und dem Arbeitnehmer dennoch die Möglichkeit, individuelle Vereinbarungen zur Abänderung der Arbeitsbedingungen zu schließen.[281]

bb) Weitergeltung kollektivrechtlicher Vereinbarungen

§ 613a BGB sieht im Falle eines Betriebsübergangs nicht nur den Übergang der Rechte und Pflichten aus Individualvereinbarungen vor, sondern es werden gem. § 613a Abs. 1 S. 2 BGB Rechte und Pflichten, die durch Rechtsnormen eines Tarifvertrags oder durch eine Betriebsvereinbarung geregelt sind, Inhalt des Arbeitsverhältnisses zwischen neuem Inhaber und dem Arbeitnehmer. Dies gilt nur für die Arbeitsverhältnisse derjenigen Arbeitnehmer, die zum Zeitpunkt der Übernahme ebenfalls tarifgebunden sind.[282]

Dies gilt nicht, wenn der Erwerber bereits kollektivrechtlich an den entsprechenden Tarifvertrag gebunden ist,[283] sei es kraft Mitgliedschaft im tarifvertragschließenden Arbeitgeberverband oder kraft Allgemeinverbindlichkeitserklärung gem. § 5 TVG. Bei Firmentarifverträgen kommt eine kollektivrechtliche Fortgeltung nur in Betracht, wenn der Erwerber den Tarifvertrag übernimmt oder neu abschließt.[284]

Für Betriebsvereinbarungen gilt § 613a Abs. 1 S. 2 BGB ebenfalls nur dann, wenn diese nicht kollektivrechtlich fortbestehen. Betriebsvereinbarungen bestehen nach dem Betriebsübergang kollektivrechtlich fort, solange die Betriebsidentität beim Erwerber gewahrt bleibt und der Betriebsrat somit fortbesteht.[285] Betriebsvereinbarungen gelten hingegen kollektivrechtlich nicht fort, wenn der Betrieb in einen bereits bestehenden Betrieb eingegliedert wird.[286] In diesen Fällen findet § 613a Abs. 1 S. 2 BGB Anwendung, der die Transformation der Betriebsvereinbarung vorsieht.

---

280 MüKo-*Müller-Glögel*, BGB § 613a Rn. 92.
281 BAG v. 07.11.2007 – 5 AZR 1007/06, BAGE 124, 345–349.
282 ErfK-*Preis*, BGB § 613a Rn. 113a.
283 MüKo-*Müller-Glögel*, BGB § 613a Rn. 129.
284 BAG v. 24.06.1998 – 4 AZR 208/97, BAGE 89, 193–202.
285 BAG v. 27.07.1994 – 7 ABR 37/93, NZA 1995, 222–225.
286 Vgl. JurisPK-BGB-*Kliemt/Teusch*, § 613a Rn. 88.

(1) Transformation

§ 613a Abs. 1 S. 2 BGB spricht davon, dass die beim ehemaligen Betriebsinhaber angewendeten Tarifverträge und die dort bestehenden Betriebsvereinbarungen Inhalt des Arbeitsverhältnis zwischen Arbeitnehmer und neuem Betriebsinhaber werden. Dazu sollen die Normen nach teilweise vertretener Ansicht in jeden einzelnen Arbeitsvertrag „transformiert" werden.[287] Durch die Aufnahme der kollektivrechtlichen Vereinbarungen in jeden einzelnen Arbeitsvertrag würden die Normen aus dem Tarifvertrag und die Betriebsvereinbarungen ihren unmittelbaren und zwingenden Charakter einer kollektivrechtlichen Norm verlieren.[288]

Problematisch erscheint, dass § 613a Abs. 1 S. 2 BGB die Fortgeltung der Kollektivnormen im Arbeitsverhältnis vorsieht und nicht im Arbeitsvertrag.[289] Um dem Wortlaut gerecht zu werden, müssen Kollektivnormen mit ihrem kollektivrechtlichen Charakter auf das Arbeitsverhältnis transformiert werden, nicht jedoch in den Arbeitsvertrag.[290] Damit wird eine weitere kollektivrechtliche Fortgeltung nach arbeitsrechtlichen Regelungen geschaffen.[291]

Eine Unterscheidung ist notwendig, da sich die Fortgeltung von Arbeitsverträgen grundsätzlich von Betriebsvereinbarungen und Tarifverträgen unterscheidet.[292] Während die Arbeitsverträge grundsätzlich ohne Einschränkungen fortgelten, gelten kollektivrechtliche Vereinbarungen gem. § 613a Abs. 1 S. 2 BGB fort, sie wirken innerhalb der Jahresfrist wie eine Nachbindung bei Tarifverträgen gem. § 3 Abs. 3 TVG und nach Ablauf dieser Frist wie eine Nachwirkung gem. § 4 Abs. 5 TVG.[293]

(2) Änderung kollektivrechtlicher Vereinbarungen

§ 613a Abs. 1 S. 2 BGB besagt, dass die ins Arbeitsverhältnis transformierten kollektiven Normen nicht vor einem Jahr nach Betriebsübergang zum Nachteil der Arbeitnehmer verändert werden können, auch nicht durch individualvertragliche Abreden.[294] Dieses Verbot wird durch die Sätze 3 und 4 durchbrochen. Diese erlauben eine Verdrängung, wenn die Rechte und Pflichten aus

---

287 JurisPK-BGB-*Kliemt/Teusch*, § 613a Rn. 93.
288 Wedde-*Paki*, BGB § 613a Rn. 37.
289 BAG 22.04.2009 – 4 AZR 100/08, NZA 2010, 41; Staudinger-*Annuß*, § 613a Rn. 198.
290 BAG 22.04.2009 – 4 AZR 100/08, NZA 2010, 41.
291 ErfK-*Preis*, BGB § 613a Rn. 112.
292 Henssler/Willemsen/Kalb-*Willemsen/Müller-Bonanni*, BGB § 613a Rn. 250.
293 ErfK-*Preis*, BGB § 613a Rn. 112.
294 ErfK-*Preis*, BGB § 613a Rn. 119.

den kollektivrechtlichen Vereinbarungen bereits durch vorhandene Tarifverträge oder Betriebsvereinbarungen beim neuen Betriebsinhaber geregelt sind, § 613a Abs. 1 S. 3 BGB. Zusätzlich erlaubt § 613a Abs. 1 S. 4 BGB eine Abänderung der Vereinbarungen zum Nachteil der Arbeitnehmer durch Individualvereinbarungen, wenn Tarifvertrag oder Betriebsvereinbarung ihre Gültigkeit verloren haben oder der neue Betriebsinhaber mit den Arbeitnehmern die Anwendung eines anderen Tarifvertrags individualrechtlich vereinbart, wenn der Erwerber und der Arbeitnehmer bis dahin noch nicht tarifgebunden sind. Nach Ablauf der Frist von einem Jahr, § 613a Abs. 1 S. 2 BGB, können Änderungen von kollektivrechtlichen Vereinbarungen durch Änderungsverträge und Änderungskündigungen erfolgen.

cc) Kündigungsverbot wegen Betriebsübergang

Die Rechtsfolgen zum Schutz der Arbeitnehmer könnten umgangen werden, wenn der neue Arbeitgeber die Möglichkeit hätte, eine Kündigung auf Grund des Betriebsübergangs auszusprechen.[295] Solche Kündigungen sind deshalb gem. § 613a Abs. 4 S. 1 BGB unwirksam.

§ 613a Abs. 4 S. 1 BGB stellt ein eigenständiges Kündigungsverbot im Sinne von § 13 Abs. 3 KSchG i. V. m. § 134 BGB dar.[296] Das Kündigungsverbot erstreckt sich damit auf alle Arbeitnehmer unabhängig von Betriebsgröße und Betriebsangehörigkeit. Das Kündigungsverbot umfasst Beendigungskündigungen, Änderungskündigungen und Aufhebungsverträge, die im Zuge des Betriebsübergangs geschlossen werden.[297] Allerdings sind Kündigungen aus anderen Gründen weiter möglich gem. § 613a Abs. 4 S. 2 BGB. Kündigungen sind demnach dann möglich, wenn ein Kündigungsgrund vorliegt, ohne dass der Betriebsübergang die überwiegende Ursache der Kündigung darstellt.[298]

2. Widerstände bei Integration

Die arbeitsrechtliche Integration in Form der Übernahme der Arbeitnehmer ist für den Arbeitgeber durch das Gesetz weitestgehend verpflichtend. Diese Verpflichtung gilt jedoch nicht für den Arbeitnehmer, dieser hat die Möglichkeit eine

---

295 Henssler/Willemsen/Kalb-*Willemsen/Müller-Bonanni*, BGB § 613a Rn. 304; ErfK-*Preis*, BGB § 613a Rn. 153.
296 MüKo-*Müller-Glöge*, BGB § 613a Rn. 187.
297 ErfK-*Preis*, BGB § 613a Rn. 153.
298 BAG v. 16.05.2002 – 8 AZR 319/01, NZA, 2003, 93.

Übernahme abzulehnen.[299] Der ursprüngliche Arbeitgeber muss den Arbeitnehmer über einen bevorstehenden Betriebsübergang gem. § 613a Abs. 5 BGB unterrichten. Der Arbeitnehmer hat darauf hin die Möglichkeit, dem Übergang des Arbeitsverhältnisses zu widersprechen, § 613a Abs. 6 BGB.

a) Informationspflicht durch Arbeitgeber

Die den Arbeitgeber nach § 613a Abs. 5 BGB treffende Informationspflicht muss in Textform erfolgen. Inhaltlich verlangt § 613a Abs. 5 Nr. 1–4 BGB, dass der (geplante) Zeitpunkt des Übergangs, die Gründe für den Übergang, rechtliche, wirtschaftliche und soziale Folgen des Übergangs für die Arbeitnehmer und die mit Sicht auf die Arbeitnehmer getroffenen Maßnahmen angegeben werden. Dabei soll der Arbeitnehmer über den subjektiven Kenntnisstand von Veräußerer und Erwerber zum Zeitpunkt der Unterrichtung informiert werden.[300] Der Arbeitnehmer muss deshalb davon in Kenntnis gesetzt werden, wenn auf Grundlage einer Mitarbeiter Due Diligence oder einer allgemeinen Due Diligence bereits Maßnahmen wie Weiterbildungsprogramme, Umstrukturierungen oder Produktionsumstellungen geplant sind.[301] Während Zeitangabe und Gründe für die Integration von geringerer Bedeutung sind, haben die Auskünfte über rechtliche, wirtschaftliche und soziale Folgen sowie die zu treffenden Maßnahmen besonderes Gewicht bei der Entscheidung, ob der Arbeitnehmer widerspricht.

Wird der Arbeitnehmer nicht oder nicht vollständig informiert, führt dies dazu, dass die Widerspruchsfrist nicht beginnt.[302] Eine unvollständige oder fehlende Unterrichtung der Arbeitnehmer führt nicht zur Unwirksamkeit einer betriebsbedingten Kündigung, jedoch können aus der Verletzung der Unterrichtungspflicht Schadenersatzansprüche entstehen.[303]

b) Widerspruchsrecht durch Arbeitnehmer

Der Arbeitnehmer hat das Recht, dem Übergang seines Arbeitsverhältnisses zu widersprechen, § 613a Abs. 6 BGB. Dabei sieht das Gesetz vor, dass der Widerspruch in schriftlicher Form im Sinne von § 126 Abs. 1 BGB erfolgen muss. Eine reine Arbeitsverweigerung beim neuen Arbeitgeber gilt nicht als Widerspruch.[304]

---

299 Staudinger-*Annuß*, § 613a Rn. 291.
300 BAG v. 13.07.2006 – 8 AZR 305/05, NZA 2006, 1268, 1269.
301 Vgl. Staudinger-*Annuß*, § 613a Rn. 283.
302 BAG v. 13.07.2006 – 8 AZR 305/05, NZA 2006, 1268, 1269.
303 ErfK-*Preis*, BGB § 613a Rn. 93 f.
304 ErfK-*Preis*, BGB § 613a Rn. 98.

Zu richten ist der Widerspruch gem. § 613a Abs. 6 S. 2 BGB entweder an den alten oder neuen Arbeitgeber.

Der Arbeitnehmer muss seinen Widerspruch gem. § 613a Abs. 6 S. 1 BGB innerhalb eines Monats nach Unterrichtung durch den Arbeitgeber abgeben. Wenn der Widerspruch fristgerecht gegenüber dem alten oder neuen Arbeitgeber abgegeben wurde, bleibt das Arbeitsverhältnis zum bisherigen Arbeitgeber bestehen.[305] Damit setzt sich der Arbeitnehmer gleichzeitig dem Risiko aus, betriebsbedingt durch den bisherigen Arbeitgeber gekündigt zu werden.[306] Während das Arbeitsverhältnis nicht übergeht, geht durch den Kauf jedoch der Arbeitsplatz über und solange der bisherige Arbeitgeber dem Arbeitnehmer keine freie Stelle im verbliebenen Unternehmen anbieten kann, steht ihm das Recht zu, den Arbeitnehmer betriebsbedingt zu kündigen.[307] Eine solche Kündigung steht auch nicht dem Kündigungsverbot aus § 613a Abs. 3 BGB entgegen, da der Betriebsübergang zwar mitursächlich für die Kündigung ist, die Hauptursache jedoch in der Weigerung des Arbeitnehmers bei dem neuen Betriebsinhaber zu arbeiten liegt.[308]

Der Widerspruch von Arbeitnehmern kann weitreichende Folgen haben. Bevor es zu Widersprüchen durch die Arbeitnehmer kommt, ist es sinnvoll abzuschätzen, welche Positionen viel firmenspezifisches Humankapital besitzen und gleichzeitig über einen Widerspruch nachdenken. Diesen Positionen können dann schon vor Betriebsübernahme Anreize geboten werden, um dem Betrieb erhalten zu bleiben. Auch nach Betriebsübergang ist es notwendig, das verlorene Humankapital von nicht übergegangenen Arbeitnehmern abzuschätzen, um den Verlust an Humankapital zu bestimmen und eventuelle Schlüsselpositionen schnellst möglich neu zu besetzen. Der Gefahr, dass durch den Widerspruch von Schlüssel- oder Leitfiguren eine Widerspruchswelle entsteht, muss, sobald eine solche Welle erkannt wird, durch weitere Anreize begegnet werden, um ein sofortige, reibungslose Fortführung des Betriebs nach Erwerb zu ermöglichen.

3. Mitbestimmung durch den Betriebsrat

Das Mitbestimmungsrecht des Betriebsrats muss auch bei der personellen Integration Beachtung finden. Zu unterscheiden sind die Mitbestimmungsrechte, die bestehen, sobald der Unternehmer für alle oder mehrere Arbeitnehmer

---

305 Staudinger-*Annuß*, § 613a Rn. 307.
306 Wedde-*Paki*, BGB § 613a Rn. 44.
307 ErfK-*Preis*, BGB § 613a Rn. 106 f.
308 ErfK-*Preis*, BGB § 613a Rn. 106.

Veränderungen vorsieht und die Mitbestimmungsrechte, die aus der Kündigung einzelner Arbeitnehmer entstehen.

Der wirtschaftliche Entschluss ein Unternehmen zu kaufen oder verkaufen, erfüllt keinen Tatbestand des BetrVG, der ein Mitbestimmungsrecht auslöst. Der Betriebsübergang als solcher stellt auch keine Betriebsänderung gem. § 111 BetrVG dar und liefert dem Betriebsrat somit kein Mitbestimmungsrecht. Ein Betriebsübergang erfordert lediglich vom Veräußerer die zwingende Unterrichtung des Wirtschaftsausschusses, der über den Verkauf informiert werden muss.[309] Der Erwerber hingegen ist nur dann zu einer Unterrichtung seines Wirtschaftsausschusses verpflichtet, wenn eine Eingliederung in einen bereits bestehenden Betrieb angestrebt wird.[310] Die Information muss gem. § 106 Abs. 2 BetrVG rechtzeitig und umfassend erfolgen.

a) Mitbestimmungsrecht bei kollektiven personellen Maßnahmen

Trotz der Einschränkung, dass ein Betriebsübergang keine Betriebsänderung darstellt, lösen personelle Integrationsmaßnahmen teilweise Mitbestimmungsrechte des Betriebsrats aus. So sieht § 111 Abs. 1 Nr. 3 BetrVG eine Unterrichtungspflicht mit anschließender Sozialplanpflicht für den Betriebsteilübergang vor.[311] Die Folgen des Mitbestimmungsrechts sind dieselben wie im Fall der bereits oben angesprochenen Betriebsänderung.[312]

Häufig nehmen Kündigungen auf Grund der personellen Integrationsmaßnahmen ein höheres Ausmaß an. In solchen Fällen sind die Vorschriften zur Massenentlassung gem. § 17 KSchG zu beachten. Wegen der Auswirkungen von Massenentlassungen müssen gem. § 17 Abs. 1, 2 KSchG zuvor Konsultationen mit den Arbeitnehmervertretern und der Bundesagentur für Arbeit stattfinden. Während § 17 Abs. 1 KSchG bestimmt, dass der Arbeitgeber ab einer bestimmten Anzahl von betriebsbedingten Kündigungen innerhalb von 30 Tagen dazu verpflichtet ist, eine wirksame Anzeige bei der Bundesagentur für Arbeit zu erstatten, verlangt § 17 Abs. 2 KSchG, dass der Betriebsrat bei einer anzeigepflichtigen Massenentlassung bereits zwei Wochen vor der Anzeige bei der Bundesagentur für Arbeit unterrichtet wird, um die Möglichkeit der Stellungnahme zu haben. In der Praxis wird die Information und Konsultation des Betriebsrats gem. § 17 Abs. 2 KSchG meist in das Interessenausgleichsverfahren bei

---

309 Willemsen/Hohenstatt/Schweibert/Seibt-*Schweibert*, Teil C, Rn. 409.
310 Hölters-*Bauer/von Steinau-Steinrück/Thees*, Teil V Rn. 308.
311 Däubler/Kitttner/Klebe/Wedde-*Däubler*, BetrVG § 111 Rn. 101.
312 Vgl. C.II.2.b)aa)(3).

Betriebsänderung gem. § 111 BetrVG eingebunden.[313] Die Unterrichtung muss den Mindestinhalt gem. § 17 Abs. 2 KSchG enthalten und sollte aus Beweisgründen für die Bundesagentur für Arbeit schriftlich erfolgen. Für die wirksame Anzeige müssen die schriftliche Mitteilung des Arbeitgebers an den Betriebsrat und dessen optionale Stellungnahme zusätzlich an die Bundesagentur übermittelt werden gem. § 17 Abs. 3 KSchG. Liegt keine Stellungnahme des Betriebsrats vor, muss der Arbeitgeber darlegen, dass er den Betriebsrat unterrichtet hat und den Stand der Beratungen erläutern.[314] Ist eine Massenentlassung vor einem Betriebsübergang vom Veräußerer angezeigt worden, so bleibt diese Anzeige auch bei einer Kündigung durch den Erwerber gültig, da dieser in die Rechtsstellung des Betriebsveräußerers eintritt.[315] Wird die Anzeige bei der Bundesagentur für Arbeit versäumt oder ist sie unwirksam, sind die im Rahmen der Massenentlassung ausgesprochenen Kündigungen unwirksam.[316]

b) Mitbestimmungsrecht bei der personellen Einzelmaßnahme Kündigung

Wie oben bereits angeführt existiert mit § 102 BetrVG für die personelle Einzelmaßnahme der Kündigung ein Beteiligungsrecht des Betriebsrats.[317] Die Folge der Missachtung des Beteiligungsrechts bei der Kündigung, also bei unterbliebener Anhörung des Betriebsrats, ist, dass die ausgesprochenen Kündigungen unwirksam sind, § 102 Abs. 1 S. 3 BetrVG. Wird das Beteiligungsrecht beachtet, der Betriebsrat widerspricht jedoch der geplanten Kündigung, bleibt diese zwar wirksam, der Arbeitgeber muss den Arbeitnehmer jedoch auf dessen Verlangen bis zum rechtskräftigen Abschluss des Rechtsstreits weiterbeschäftigen, wenn der Arbeitnehmer Kündigungsschutzklage erhebt, § 102 Abs. 5 S. 1 BetrVG.[318]

4. Zulässige Arten des Personalabbaus

Aufgrund des Kündigungsverbots gem. § 613a Abs. 4 S. 1 BGB sind Kündigungen im Zuge einer Integration nach dem Unternehmenskauf nur aus Gründen möglich, die nicht im direkten Zusammenhang mit dem Betriebsübergang stehen gem. § 613a Abs. 4 S. 2 BGB.[319]

---

313 Picot[M&A]-*Picot*, S. 558, 574.
314 Ascheid/Preis/Schmidt-*Moll*, KSchG § 17 Rn. 117.
315 Ascheid/Preis/Schmidt-*Moll*, KSchG § 17 Rn. 95.
316 ErfK-*Kiel*, KSchG § 17 Rn. 35.
317 Ausführlich zum Beteiligungsrecht aus § 102 BetrVG siehe: C.II.2.b)bb)(3).
318 *Waltermann*, Rn. 861.
319 Vgl. D.III.1.b)cc).

Uneingeschränkt möglich sind weiterhin verhaltens- oder personenbedingte Kündigungen. Diese Kündigungen eignen sich nicht, um Integrationsmaßnahmen durchzuführen, da für solche Kündigungen Gründe im Verhalten oder in der Person der betreffenden Arbeitnehmer liegen müssen und eine angestrebte Umstrukturierung solche Kündigungen nicht begründen kann. Die einzig möglichen Kündigungen zum Stellenabbau sind die betriebsbedingten Kündigungen, die sowohl vom Veräußerer vor oder vom Erwerber nach dem Unternehmenskauf durchgeführt werden können.

Grundsätzlich besteht die Möglichkeit, dass der Veräußerer vor dem Unternehmenskauf betriebsbedingte Kündigungen ausspricht, die jeder Betriebsinhaber unabhängig vom Verkaufsgedanken aussprechen würde.[320] So steht es jedem Veräußerer zu, dem eigenen Unternehmen ein Sanierungs- oder Restrukturierungskonzept aufzuerlegen, in dessen Rahmen es auch zu betriebsbedingten Kündigungen kommen kann.[321] Grundsätzlich darf dieses Konzept, zum Nachteil für die Post Merger Integration, nicht von einer bloßen Willensäußerung eines potentiellen Käufers bestimmt sein, insbesondere nicht von dessen Wunsch so wenig Arbeitnehmer wie möglich zu übernehmen.[322] Handlungen im Sinne des potentiellen Käufers sind nur möglich, wenn dieser ein eigenes Restrukturierungskonzept vorlegt. Dann ist der Veräußerer ebenfalls dazu befugt Kündigungen auf Grund dieses zukünftigen Konzepts auszusprechen.[323] Grund hierfür ist, dass § 613a BGB nicht den Zweck hat, eine Kündigung so lange hinauszuzögern bis der zukünftige Erwerber selbst die Kündigung aussprechen kann.[324] Das Restrukturierungskonzept muss jedoch mehr sein als nur eine lose Idee des Erwerbers, es müssen bereits feste Konzeptpunkte vorliegen, die auch auf eine tatsächliche Umsetzung schließen lassen.[325] Zusätzlich muss der potentielle Erwerber mit dem Veräußerer bereits in Verhandlungen über das Unternehmen stehen, sodass eine Übernahme des Unternehmens durch den Erwerber überwiegend wahrscheinlich ist. Von einer überwiegenden Wahrscheinlichkeit wird ausgegangen, sobald eine rechtliche Absicherung des Betriebsübergangs vorliegt. Zu einer solchen Absicherung zählt bereits Vorvertrag zwischen Erwerber und Veräußerer, der den geplanten Kauf bestätigt.[326]

---

320 *Hanau*, in: FS Gaul, S. 290.
321 Ascheid/Preis/Schmidt-*Steffan*, BGB § 613a Rn. 188.
322 MüKo- *Müller-Glögel*, BGB § 613a Rn. 193.
323 ErfK-*Preis*, BGB § 613a Rn. 169.
324 Ascheid/Preis/Schmidt-*Steffan*, BGB § 613a Rn. 189.
325 BAG v. 26.05.1983 – 2 AZR 477/81, BAGE 43, 13.
326 Ascheid/Preis/Schmidt-*Steffan*, BGB § 613a Rn. 191.

Nach dem Betriebsübergang sind für den Erwerber auch Kündigungen möglich, solange sie die Vorrausetzungen aus § 613a Abs. 4 S. 2 BGB erfüllen. Dabei gilt es zu prüfen, ob es neben dem Betriebsübergang einen sachlichen Grund gibt, der für sich alleine eine Kündigung rechtfertigt, damit der Betriebsübergang nur der Anlass, nicht aber der tragende Grund der Kündigung ist.[327] Demnach kann der Erwerber nach dem Unternehmensübergang auch selbst die auf einem Integrationsplan beruhenden Umstrukturierungsmaßnahmen ergreifen und bei Personalüberhang durch Synergieeffekte betriebsbedingte Kündigungen aussprechen.[328]

5. Weitere Handlungsmöglichkeiten im Rahmen der Integration

Die in erster Linie von rechtlichen Vorgaben bestimmte personelle Integration wird von weiteren Überlegungen und Maßnahmen begleitet. Dabei sind vor allem Überlegungen zur reibungslosen Integration und Fortführung des Unternehmens gefragt. Wie oben angeführt, ist die Folge von § 613a BGB nicht, dass unter keinen Umständen Mitarbeitern gekündigt werden kann.[329]

Von der Unternehmensseite bekommt die für die Integration vorbereitete Unternehmensstruktur eine besondere Bedeutung, da auf ihrer Grundlage die Umstrukturierung vorangetrieben wird. Gleichzeitig können auf Grund der Umstrukturierungen betriebsbedingte Kündigungen ausgesprochen werden. Es gilt dennoch wahllose Kündigungen von Arbeitnehmerseite und daraus resultierende zeitaufwendige Neueinstellungen zu vermeiden, indem eine Sicherung der wichtigsten Arbeitnehmer erfolgt.[330] Eine Möglichkeit dazu bietet die Auflistung von Schlüsselkräften in der Due Diligence. Arbeitnehmer, die nach dieser Prüfung Schlüsselpositionen besetzen, können mit Integrationsaufgaben betraut oder durch finanzielle Anreize stärker an das Unternehmen gebunden werden.[331]

Gleichzeitig muss für die reibungslose personelle Integration die Mitarbeiterkommunikation zwischen Unternehmensleitung und Mitarbeitern funktionieren.[332] Diese ermöglicht der Unternehmensleitung, Probleme und Sorgen der

---

327 Vgl. BAG v. 18.07.1996 – AZR 127/94, NZA 1997, 148; Ascheid/Preis/Schmidt-Steffan, BGB § 613a Rn. 175.
328 Zumkeller, DStR 1998, 1966, 1969.
329 D.III.1.b).
330 Hamon/Hagedorn, M&A Review 12/2008, 570, 575.
331 Hamon/Hagedorn, M&A Review 12/2008, 570, 575.
332 Vgl. Blöcher, M&A Review 05/2008, 234, 235.

Mitarbeiter zu erkennen. Umgekehrt sehen die Mitarbeiter, dass sich die Unternehmensleitung ihrer Probleme annimmt.[333]

Zusätzlich kann das Aufeinandertreffen der vormals zwei Unternehmen an den Abteilungsschnittstellen zu Beginn der Zusammenarbeit durch das Setzen von Zwischenzielen erleichtert werden.[334] Zwischenziele können Mitarbeiter durch schnellere Erfolgserlebnisse motivieren. Die Unternehmensleitung hat gleichzeitig die Möglichkeit zügig die Funktions- und Wirkungsweise der Zusammenarbeit zu testen.

IV. Zwischenfazit

Die personelle Integration wird mehrheitlich von rechtlichen Vorgaben bestimmt. Es bestehen Vorgaben zur Abberufung und Bestellung von Vorständen und Geschäftsführern. Die Arbeitsverhältnisse der Arbeitnehmer werden durch § 613a BGB geschützt.

Auf der Führungsebene führen die gesetzlichen Vorgaben dazu, dass beim Asset Deal dem Unternehmenserwerber größere Freiheiten bei der Wahl des Führungspersonals zustehen. Beim Share Deal hingegen erschweren die Vorgaben für Abberufung und Bestellung des GmbHG und des AktG den Austausch des Führungspersonals. Für die Integrationsmaßnahmen gilt, dass die Führungsebene im Fall ihres Fortbestehens nach dem Unternehmenskauf vor dem Kauf auf ihre Integrationsaufgaben vorbereitet werden muss. Die Bestellung eines neuen Geschäftsführers bietet die Möglichkeit, eine Persönlichkeit zu finden, die selbst der Integration dient. So kann eine Person ausgewählt werden, die nicht nur allgemein für diese Position geeignet ist sondern auch besondere Kompetenz und ggf. Erfahrung im Bereich von Umstrukturierungen hat. Eine solche Person kann auch ein Vorstandsmitglied des Erwerberunternehmens sein, das ein Doppelmandat inne hat.

Auf Belegschaftsebene ist die personelle Integration von § 613a BGB abhängig, weshalb grundsätzlich alle Arbeitsverhältnisse bei einem Unternehmenskauf auf den neuen Eigentümer übergehen. Nur Kündigungen, die nicht auf Grund des Unternehmenskaufs ausgesprochen werden, sind zulässig. Im Zuge der Umstrukturierung kann es somit nur betriebsbedingte Kündigungen geben, die nicht durch den Betriebsübergang bedingt sind. Gleichzeitig muss im Integrationsplan, besonders für Schlüsselpositionen, berücksichtigt werden, dass Arbeitnehmer dem Übergang des Arbeitsverhältnisses widersprechen können.

---

333 *Hamon/Hagedorn*, M&A Review 12/2008, 570, 575.
334 *Hamon/Hagedorn*, M&A Review 12/2008, 570, 575.

Um einem Widerspruch vorzubeugen und somit wichtiges Fachpersonal nicht zu verlieren, empfiehlt es sich, eine Mitarbeiter Due Diligence durchzuführen. Diese erkennt Chancen und Risiken beim Personal und kann auf Personen in Schlüsselpositionen aufmerksam machen, die es an das Unternehmen zu binden gilt. Darauf aufbauend können dann auch wirtschaftliche Maßnahmen zur personellen Integration vorangetrieben werden, wie das Anbieten von neuen Verträgen und die Betrauung wichtiger Mitarbeiter mit Integrationsaufgaben.

E. Mitarbeiter Due Diligence

Um die personelle Integration zu unterstützen, wird immer öfter eine explizite Mitarbeiter-, oder auch Human Resources Due Diligence durchgeführt. Grundsätzlich ist die Due Diligence ein Mittel, welches das wirtschaftliche Problem der Informationsasymmetrie zwischen Käufer und Verkäufer lösen soll.[335] Da dem Verkäufer aufgrund seiner Nähe zum Kaufobjekt grundsätzlich ein Informationsvorsprung zugeschrieben wird, soll eine informationsgenerierende Maßnahme für den Käufer diesem Vorsprung entgegenwirken. Dabei beschränkt sich die klassische Due Diligence auf rechtliche, wirtschaftliche und technische Aspekte eines Unternehmens.[336] Eine solche Prüfung erfolgt bereits vor Abschluss eines Kaufvertrages. Es wird besonders auf große Risiken geachtet, die als sogenannte „Dealbreaker" den gesamten Unternehmenskauf bedrohen könnten.

Gleichzeitig bildet die Due Diligence, wenn es sich um Aktiengesellschaften handelt, einen Teil der Sorgfaltspflicht, der sowohl die Geschäftsleitung auf Käufer- als auch auf Verkäuferseite gem. § 93 Abs. 1 S. 2 AktG trifft.[337] Eine solche Pflicht zur Informationsbeschaffung besteht auch für die GmbH-Geschäftsführer gem. § 43 GmbHG.[338] Diese Sorgfaltspflicht bedeutet für die Verkäuferseite, dass sie alle Informationen offenlegen muss um nicht später wegen unterlassener Informationsgewährleistungspflichten haftbar zu sein. Die Käuferseite ihrerseits muss sich vollständig aus den bereitgestellten Informationen informieren um mögliche Regressansprüche geltend machen zu können, wenn die Verkäuferseite nicht ausreichend informiert hat.[339] Deshalb werden Listen der gesichteten Informationen erstellt, um nachweisen zu können welche Informationen zum Zeitpunkt des Unternehmenskaufs vorlagen.

I. Prinzip der Mitarbeiter Due Diligence

Die Mitarbeiter Due Diligence wird noch allzu oft als rein arbeitsrechtliche Due Diligence betrachtet, bei der nur die arbeitsrechtlichen Problemfelder eines Unternehmenskaufs betrachtet werden sollen.[340] So werden neben den

---

335 Vgl. Beisel/Klump-*Beisel*, 2. Kapitel Rn. 1.
336 Vgl. Picot [M&A]-*Picot*, S. 246, 257 f.
337 *Schiffer/Bruß*, BB 2012, 847, 848.
338 Vgl. *Schiffer/Bruß*, BB 2012, 847, 848.
339 Hauschka-*Klöpper*, § 28 Rn. 15.
340 Vgl. Hölters-*Bauer/von Steinau-Steinrück/Thees*, Teil V Rn. 411 ff.

Standardarbeitsverträgen vor allem geltende kollektivrechtliche Vereinbarungen wie betriebliche Übungen, Betriebsvereinbarungen und Gesamtzusagen betrachtet. Darüber hinaus werden für die Integration ebenfalls wichtige Unternehmensbereiche wie Alters- und Gehaltsstrukturen aus Kostengründen meist nur bei größeren Unternehmen mitbetrachtet. Eine Prüfung erfolgt mit dem Ziel, die Möglichkeiten des Personalabbaus zu beurteilen, weshalb auch das Verhältnis zu den Gewerkschaften oft begutachtet wird.[341] Die Mitarbeiter Due Diligence soll nicht nur rechtliche Risiken bewerten. Vielmehr sollen qualitative und quantitative Informationen erfasst und bewertet werden um somit eine Basis für zukünftige personalstrategische Entscheidungen zu schaffen.[342]

Dass eine Mitarbeiter Due Diligence mehr Potential aufweist als lediglich eine arbeitsrechtliche Analyse, zeigt sich, wenn man eine differenzierte Betrachtung des Humankapitals zulässt. Für eine detaillierte Due Diligence sollte das Humankapital in individuelles, dynamisches und strukturelles Humankapital eingeteilt werden.[343] Das individuelle Humankapital bildet die Summe der Eigenschaften, die an den einzelnen Mitarbeiter oder an die Gesamtheit der Mitarbeiter gebunden sind.[344] Das dynamische Humankapital hingegen ist das Humankapital, das im Unternehmen verwurzelt ist und nicht durch das Abwandern von Mitarbeitern verloren geht, wie etwa die Unternehmensphilosophie oder das Führungssystem. Das strukturelle Humankapital bildet die Organisationsstrukturen eines Unternehmens ab, dazu zählen neben dem Organisationsaufbau auch das Umfeld, die Kosten des Personals und die meisten arbeitsrechtlichen Fragen.

Die Aufteilung bedeutet gleichzeitig eine Steigerung des Aufwands für eine so detaillierte Due Diligence, da aus einer rein rechtlichen Betrachtung nun eine rechtliche und wirtschaftliche Analyse wird. Der Vorteil ist, dass so ein Gesamtbild vom Unternehmen entsteht, das sowohl rechtliche Möglichkeiten aufzeigt als auch die Möglichkeit bietet, auf dieser Grundlage den Integrationsplan zum Wohle des Unternehmens zu erarbeiten.

---

341 Hölters-*Bauer/von Steinau-Steinrück/Thees*, Teil V Rn. 412.
342 *Labbé/Schirmer*, M&A Review 12/2008, 565.
343 *Wucknitz*, S. 29 ff.
344 Vgl. Berens/Brauner/Strauch-*Aldering/Högemann*, S. 502.

1. Gegenstand der Prüfung

Während die arbeitsrechtliche Analyse weiterhin Bestand der Mitarbeiter Due Diligence bleiben soll, müssen, um der detaillierten Darstellung der Mitarbeitersituation im Zielunternehmen gerecht zu werden, weitere Punkte betrachtet werden. Die wichtigsten Punkte im Bereich des strukturellen Humankapitals sind Analysen zu formalen Strukturen im Unternehmen, Umfang der Personalstruktur, Zusammensetzung der Personalstruktur, Veränderbarkeit der Personalstruktur, Höhe der Personalkosten, Struktur der Personalkosten und Flexibilität der Personalkosten.[345] Auf Seiten des individuellen Humankapitals sollten besonders Qualität des Personals, Anzahl der Schlüsselkräfte, Einsatz der Schlüsselkräfte, Verhalten der Schlüsselkräfte, Kompetenzen der Schlüsselkräfte, Einstellungen des Schlüsselpersonals und die durch die Mitarbeiter gelebten Werte betrachtet werden.

Das dynamische Humankapital betrachtet dagegen eher die unternehmenskulturellen Punkte wie inhaltliche Strukturen, verschiedenste Informations- und Kommunikationsprozesse, Führungsprozesse, Führungssysteme, die Strategie der Personalarbeit, Abläufe beim Personalmanagement, Verhaltensnormen und Standards sowie Symptome der Unternehmenskultur. Eine Analyse dieser Punkte steht jedoch im Konflikt mit der Cultural Due Diligence, die eine spezielle Analyse der Unternehmenskultur vorsieht.[346] Es ist auch möglich, dass eine ausführliche Mitarbeiter Due Diligence eine Cultural Due Diligence überflüssig werden lässt. Ob die Cultural Due Diligence in der Mitarbeiter Due Diligence enthalten ist oder extra vollzogen wird, hat keinen Einfluss auf die immer größer werdende Bedeutung dieser beiden Due Diligence Bereiche. Dadurch wird deutlich, dass für eine nachhaltige Entscheidungsfindung eine Betrachtung sowohl von kulturellen als auch personellen Bereichen notwendig ist. Das kulturelle und das personelle System eines Unternehmens sind soweit miteinander vernetzt, dass eine gemeinsame Betrachtung in einer Due Diligence bevorzugt werden muss.

a) Due Diligence im Bereich des strukturellen Humankapitals

Die Unternehmensanalyse im Bereich des strukturellen Humankapitals sollte auf Checklisten und Inhaltsanalysen beruhen.[347] Dabei muss für jedes

---

345 Vgl. im Folgenden Berens/Brauner/Strauch-*Aldering/Högemann*, S. 503.
346 *Blöcher*, M&A Review 05/2008, 234, 236.
347 *Labbé/Schirmer*, M&A Review 12/2008, 565, 566; Berens/Brauner/Strauch-*Aldering/Högemann*, S. 504.

Zielunternehmen eine individuelle Checkliste erstellt werden, anhand der der aktuelle Unternehmenszustand analysiert wird. Das Anwenden genereller Listen birgt die Gefahr auf spezifische Unternehmenssituationen nicht genug eingehen zu können, was dazu führen kann, dass Risiken falsch eingeschätzt werden.

Um eine Übersicht über solche Checklisten und Inhaltsanalysen und ihre Variabilität zu bekommen, werden im Folgenden zwei Beispiele in verschiedenen Bereichen beschrieben. Als Beispiel für die wirtschaftliche Analyse dient die Untersuchung des Umfangs der Personalstruktur, als Beispiel für die juristische Analyse dient die Untersuchung arbeitsrechtlicher Regelungen.

aa) Umfang der Personalstruktur

Um den Umfang der Personalstruktur zu analysieren, bieten sich Prüfungspunkte wie Anzahl der Mitarbeit anhand von einer Zählung pro Kopf oder pro Vollzeitarbeitsplatz, die Personalstatistik, eine Liste aller Mitarbeiter inklusive individueller Vertragsinhalte, Mitarbeiterzahlen pro Organisationseinheit und Produktivitätskennzahlen, wie der Anzahl von Vollzeitkräften pro Umsatzgröße, an.[348] Sie lassen sich je nach Situation jedoch erweitern: So kann im Falle eines Unternehmens, das sehr stark von konjunkturellen Schwankungen abhängig ist und deshalb viele Zeitarbeiter beschäftigt, eine Analyse der Anzahl an Zeitarbeitern notwendig sein. Bei jedem Prüfungspunkt ist gleichzeitig zu überlegen, welchem Bereich er angehört; so hat die Fluktuationsrate zwar einen gewissen Einfluss auf den Umfang der Personalstruktur, sollte jedoch eher im Bereich der Veränderbarkeit der Personalstruktur untersucht werden.

bb) Arbeitsrechtliche Regelungen

Die arbeitsrechtlichen Regelungen beinhalten die Vereinbarungen, die zwischen Arbeitgebern und Arbeitnehmern beschlossen wurden. An erster Stelle sollten bei einer Überprüfung die unterschiedlichen Muster- und Individualarbeitsverträge erscheinen.[349] Weiterhin ist zu prüfen in welchem Umfang einseitige Willenserklärungen des Unternehmens vollzogen wurden, wie Urlaubs-, Weihnachtsgeld oder Sonderzahlungen. Neben einer Liste der aktuellen Tarifverträge mit ihren jeweiligen Inhalten sollte auch der Umfang der betrieblichen Übungen in jedem Fall von der Inhaltsanalyse erfasst sein. Erweitert werden muss diese Liste im Fall von mitbestimmten Unternehmen um die Liste der Betriebsvereinbarungen inklusive ihrer Inhalte und einer Liste der Betriebsratsmitglieder sowie die

---

348 Vgl. Berens/Brauner/Strauch-*Aldering/Högemann*, S. 505.
349 Vgl. Picot[Restrukturierung]-*Picot*, 29, 69.

erbrachten Leistungen des Unternehmens für den Betriebsrat. Um eventuelle Risiken, die aus den Inhalten resultieren, und die Möglichkeiten zur Veränderung der Vereinbarungen abschätzen zu können, ist zusätzlich zu prüfen, ob offene arbeitsgerichtliche Verfahren vorliegen. Außerdem müssen Inhalt und Veränderbarkeit von Dienstverträgen mit Organmitgliedern untersucht werden.

b) Due Diligence im Bereich des individuellen Humankapital

Die Due Diligence für das individuelle Humankapital soll die verschiedenen Risiken, die mit den Eigenschaften der Mitarbeiter verbunden sind, betrachten. So wird das individuelle Humankapital auf das Engpassrisiko, also die Sorge, dass für geplante Maßnahmen zu wenig Mitarbeiter zu Verfügung stehen, untersucht.[350] Gleichzeitig wird bei der Ermittlung des Anpassungsrisikos festgestellt, ob die vorhandenen Mitarbeiter die nötigen Qualifikationen mitbringen, die es bei einer Umstrukturierung im Sinne des Käufers braucht. Bei der Ermittlung des Motivationsrisikos wird untersucht, wie hoch die Unterstützung für das Unternehmen bei den Arbeitnehmern ist, auch nach dem Unternehmenskauf. Von besonderer Bedeutung ist dabei die Motivation der Fach- und Führungskräfte, die Schlüsselpositionen innehaben. Zusätzlich müssen auch die Austrittsrisiken begutachtet werden. Die Engpass-, Motivations- und Austrittsrisiken lassen sich vor allem von exogenen Faktoren beeinflussen. Die Existenz dieser Risiken wird häufig durch Mitarbeiterbefragungen untersucht.

Das Anpassungsrisiko hingegen ist abhängig vom Potential und den Kompetenzen, die die Mitarbeiter des Zielunternehmens mitbringen. Besonders für die Fach- und Führungskräfte ist somit eine Kompetenz- und Potentialbewertung notwendig. Um Kompetenzen und Potential zu bewerten, können verschiedene Methoden angewendet werden. So bietet auch hier die klassische Mitarbeiterbefragung den ersten Ansatzpunkt. Allerdings bietet die Befragung nur eine Selbsteinschätzung der Mitarbeiter, sodass auf Mittel wie Managerpräsentationen und Einzel-Assessments zurückgegriffen werden muss um auch einen unvoreingenommenen Eindruck zu erhalten.

c) Due Diligence im Bereich des dynamischen Humankapitals

Bei der Untersuchung des dynamischen Humankapitals geht es besonders um die Risiken, die durch die Eigenheiten eines Unternehmens bestehen. Eigenschaften wie Kultur, Philosophie, Führungssystem usw. sollen untersucht

---

350 Vgl. Berens/Brauner/Strauch-*Aldering/Högemann*, S. 507.

werden. Die Risiken lassen sich besonders durch Checklisten und Befragungen identifizieren. Der McKinsey Organizational Health Index bietet eine Vorlage, welche Bereiche zum dynamischen Humankapital zählen und zu untersuchen sind. Dieser Index bietet sich besonders an, da er gleichzeitig für eine folgende Integration verwendet werden kann.[351] Ein solch ausführliches Vorgehen macht eine Untersuchung des dynamischen Humankapitals im Rahmen einer Cultural Due Diligence überflüssig.[352]

II. Rechtliche Hindernisse einer vollständigen Mitarbeiter Due Diligence

Die Due Diligence dient dazu, wirtschaftliche sowie rechtliche Risiken zu analysieren, gleichzeitig ist die Durchführung der Due Diligence selbst rechtlich oftmals problematisch. Das rechtliche Risiko besteht vor allem darin, dass der Zeitpunkt zur Durchführung einer Due Diligence noch vor dem Kauf und teils auch vor dem sogenannten Letter of Intent, der Kaufinteressenbekundung, liegt. Damit ergeben sich zwei Probleme: Zum einen muss geklärt werden, wie in der Due Diligence mit Vertraulichkeitsvereinbarungen, die mit Dritten eingegangen wurden, umgegangen werden soll und zum anderen muss überlegt werden, wie mit dem bestehenden Schutz von personenbezogenen Daten gem. §§ 28 f. BDSG umgegangen werden kann.

1. Vertraulichkeitsvereinbarung mit Dritten

Eine Vertraulichkeitsvereinbarung bedeutet, dass sich ein Unternehmen vertraglich gegenüber einem Dritten dazu verpflichtet hat, über gesamte Verträge oder Teile daraus Stillschweigen zu wahren.[353] Einem Zuwiderhandeln folgen Vertragsstrafen, meist in Form von Strafzahlungen. Für die Mitarbeiter Due Diligence sind besonders die Verträge mit der Geschäftsführung von Bedeutung, die ebenfalls häufig eine Vertraulichkeitsvereinbarung beinhalten.

Um nicht gegen die Vertraulichkeitsvereinbarung zu verstoßen und dem Kaufinteressenten dennoch die bestmögliche Informationsbasis für eine Due Diligence zu schaffen, bestehen verschiedene Möglichkeiten.[354] Zum einen kann es in Betracht kommen, den betreffenden Mitarbeiter zu einer Freigabe gegenüber

---

351 Vgl. C.III.1.
352 *Blöcher*, M&A Review 05/2008, 234.
353 *Schiffer/Bruß*, BB 2012, 847.
354 Vgl. *Müller*, NJW 2000, 3452, 3454.

dem Kaufinteressenten aufzufordern.[355] Sollte dieser eine Freigabe ablehnen oder eine Freigabe nicht im Interesse des Veräußerers sein, kann auch eine Schwärzung einzelner Passagen hilfreich sein.[356] Der Verpflichtung zur Vertraulichkeit kann zum Teil auch dadurch genügt werden, dass Informationen nur begrenzt zur Verfügung gestellt werden, z.b. durch eine Schwärzung der geheimen Vertragsinhalte.[357] Es sollte jedoch darauf geachtet werden, nur das unbedingt notwendige zu schwärzen, damit der an den Käuferinteressenten ausgehändigte Vertrag immer noch einen Informationsmehrwert für ihn hat.

2. Schutz Personenbezogener Daten durch das Bundesdatenschutzgesetz (BDSG)

Das BDSG schützt die Persönlichkeitsrechte jeder natürlichen Person durch das Untersagen von Erhebung, Verbreitung und Nutzung personenbezogener Daten gem. §§ 1 Abs. 1, 2 BDSG. Personenbezogene Daten sind gem. § 3 Abs. 1 BDSG „Einzelangaben über persönliche oder sachliche Verhältnisse einer bestimmten oder bestimmbaren Person". Dazu zählen Name, Familienstand, Religion, Gesundheitsstand und ähnliches.[358] Daten, die nicht bestimmten Personen zugeordnet werden können, unterfallen nicht dem BDSG.[359] § 4 BDSG enthält ein Verbot mit Erlaubnisvorbehalt. Die Erlaubnistatbestände werden in den §§ 28 ff. BDSG genannt.

a) Übermittlung bei einer Mitarbeiter Due Diligence

Eine Übermittlung von Mitarbeiterdaten in Form einer Mitarbeiter Due Diligence ist gem. § 4 Abs. 1 BDSG nur zulässig, wenn ein Erlaubnistatbestand vorliegt. Ein Erlaubnistatbestand liegt vor, wenn ein betroffener Arbeitnehmer in die Übermittlung einwilligt oder ein gesetzlicher Erlaubnistatbestand vorliegt. Die Einwilligung der Mitarbeiter kann entweder durch die Einwilligung jedes einzelnen Mitarbeiters oder eine Betriebsvereinbarung geschehen.[360] Ein gesetzlicher Erlaubnistatbestand ist § 28 Abs. 1 S. 1 Nr. 2 BDSG, der eine Übermittlung von Daten zur Wahrung berechtigter Interessen des Verkäufers ausdrücklich

---

355 *Schiffer/Bruß*, BB 2012, 847, 851.
356 *Schiffer/Bruß*, BB 2012, 847, 851.
357 *Thurn/Ziegenhain*, Anm. Rn. 1.
358 ErfK-*Wank*, BDSG § 27 Rn. 1; *Gola/Schomerus*, § 3 Rn. 7.
359 *Göpfert/Meyer*, NZA 2011, 486.
360 *Göpfert/Meyer*, NZA 2011, 486, 487.

erlaubt. Dies ist der Fall, wenn die Zielgesellschaft bei vernünftiger Betrachtungsweise auf die Übermittlung angewiesen ist.[361]

Die Einwilligung durch Mitarbeiter erweist sich während eines Unternehmenskaufprozesses oft als zu aufwendig und damit als absolut nicht durchführbar.[362] Das Abschließen einer Betriebsvereinbarung vor dem Unternehmenskauf vereinfacht diesen Prozess, ist wegen Geheimhaltungsverpflichtungen gegenüber dem Käufer aber oft nicht möglich. Pauschale Betriebsvereinbarungen, die eine Übermittlung von Daten zum Zwecke einer Unternehmenstransaktion vorsehen, sind oft unzulässig.[363] In der Praxis bedarf es somit für die Übermittlung personenbezogener Daten der Erfüllung des gesetzlichen Erlaubnistatbestands. Im Fall einer Mitarbeiter Due Diligence folgt draus, dass eine Datenübermittlung möglich ist, wenn sich ansonsten kein Kaufinteressent finden würde.[364]

aa) Übermittlung von Daten der Belegschaft

Das Ziel der Mitarbeiter Due Diligence, durch das strukturelle, individuelle und dynamische Humankapital Einblicke in das Zielunternehmen zu erhalten, erscheint angesichts der datenschutzrechtlichen Einschränkungen problematisch. Die Daten, die alle drei Bereiche des Humankapitals abbilden, können nur durch ein berechtigtes Interesse des Veräußerers an der Übermittlung gem. § 28 Abs. 1 S. 1 Nr. 2 BDSG zur Verfügung gestellt werden. Fraglich ist, ob auch ein berechtigtes Interesse besteht, wenn es das Ziel des Veräußerers ist, durch die Due Diligence einen möglichst hohen Kaufpreis für sein Unternehmen zu erzielen. Die vom Käufer benötigten Daten, beispielsweise für das strukturelle Humankapital, werden dem Käufer durch Bildung von Mittelwerten über die Gesamtheit der Belegschaft wie zum Beispiel Alter und Geschlecht zugänglich gemacht.[365] Zur Einigung auf einen Kaufpreis reicht dem Kaufinteressenten oft eine Übersicht zum Humankapital aus, weshalb personenbezogene Daten der gesamten Belegschaft kein berechtigtes Interesse im Fall eines Unternehmenskaufs darstellen. Somit sind auch im Fall einer detaillierteren Mitarbeiter Due Diligence personenbezogene Datenerhebungen nicht zulässig. Durch Anonymisierung und Pseudonymisierung können dennoch speziellere Daten beispielsweise zum individuellen Humankapital erfasst werden. Der Erwerber kann sich

---

361 *Diller/Deutsch*, K&R 1998, 16, 19.
362 *Heldmann*, DB 2010, 1235, 1236; *Behling*, RDV 2010, 107, 113; *Diller/Schuster*, DB 2008, 928, 929; *Braun/Wybitul*, BB 2008, 782, 784.
363 *Göpfert/Meyer*, NZA 2011, 486, 488; *Diller/Deutsch*, K&R 1998, 16, 18.
364 Vgl. *Braun/Wybitul*, BB 2008, 782, 785.
365 *Braun/Wybitul*, BB 2008, 782, 785.

über die Belegschaft durch anonymisierte und pseudonymisierte Daten ein ausreichendes Bild machen.

bb) Übermittlung von Daten der Führungs- und Fachkräfte

Ein berechtigtes Interesse besteht allerdings bei den Mitarbeitern, die die Fach- und Führungskräfte des Unternehmens bilden. So ist ein Kaufinteressent häufig an der Qualität und Struktur der Fachkräfte interessiert, da sie maßgeblich für den Erfolg eines Unternehmens verantwortlich sind.[366] Zu übermittelnde Daten können Kündigungsfristen, Gehalt, Wettbewerbsverbote und Sondervereinbarungen sein, die zur sinnvollen Auswertung personengebunden sein müssen, da ansonsten Abstand von einem Kauf genommen werden könnte.

Es muss zusätzlich das berechtigte Interesse eines Veräußerers mit dem Persönlichkeitsrecht, insbesondere dem Recht auf informationelle Selbstbestimmung, eines Betroffenen abgewogen werden. Sofern kein milderes Mittel zur Verfügung steht, überwiegt grundsätzlich das berechtigte Interesse des Veräußerers. In der Praxis kommt es daher oft dazu, dass die personenbezogenen Daten dem Kaufinteressenten zugänglich gemacht werden. Zum Schutz der Persönlichkeitsrechte der Führungskräfte beschränkt sich der Zugang allerdings auf einen kleinen Personenkreis auf Kaufinteressentenseite.[367]

b) Zusammenfassung

Um möglichst an eine große Bandbreite von Informationen zu gelangen, ist stets zu hinterfragen, ob für eine Risikoeinschätzung wirklich personenbezogene Daten notwendig sind. Informationen, die keine personenbezogenen oder bestimmbaren Daten enthalten, können im Rahmen der vertraglichen Bestimmungen beliebig herausgegeben werden. Um Informationen von personenbezogenen Daten so zu anonymisieren, dass sie keiner Person mehr eindeutig zuzuordnen sind, muss eine Veränderung der Daten stattfinden. Als nicht zuordenbar gelten die Informationen dann, wenn die Stelle, die eine datenschutzrechtliche Handlung vorgenommen hat, selbst nicht mehr in der Lage ist, ohne großen Aufwand die Daten bestimmten Personen zuzuordnen.[368]

---

366 *Stoffels*, ZHR 2001, 362, 377 f.
367 *Braun/Wybitul*, BB 2008, 782, 785.
368 *Gola/Schomerus*, § 3 Rn. 44.

III. Vor- und Nachteile der Mitarbeiter Due Diligence für eine Integration

Die Durchführung einer Mitarbeiter Due Diligence bietet für die Post Merger Integration vielerlei Vorteil. Durch die Due Diligence können Struktur, Prozesse, Schlüsselpositionen, kulturelle Besonderheiten und Schwachstellen frühzeitig erkannt werden. Für die Vorbereitung des Integrationsplans ist es unabdingbar, eine Informationsbasis zu besitzen, auf deren Grundlage Entscheidungen getroffen werden können. Erst wenn diese Grundlage besteht, können auch gezielte Integrationskonzepte greifen. Dabei gilt, dass das Integrationskonzept schon während der Transaktionsphase umso genauer ausgearbeitet werden kann, je mehr Informationen vorhanden sind. Durch einen frühzeitig bestehenden Integrationsplan wird zusätzlich das Risiko minimiert nach dem Kauf in einen aktionsleeren Raum zu fallen, weil erst die Analyse des Unternehmens vorangetrieben werden muss. Mit der Mitarbeiter Due Diligence werden auch die arbeitsrechtlichen Risiken des Zielunternehmens aufgezeigt. Die Due Diligence bietet eine Grundlage für Entscheidungen, ob Schlüsselpositionen besetzt bleiben sollen oder ob die betreffenden Stellen gestrichen und die entsprechenden Mitarbeiter entlassen werden sollen. In beiden Fällen können Maßnahmen ergriffen werden, beispielsweise das Anbieten neuer, vorteilhafter Arbeitsverträge um Mitarbeiter zum Verbleib im Unternehmen zu motivieren oder die Vorbereitung von Entlassungen. Genauso ermöglicht es die Due Diligence schon im Vorfeld Maßnahmen zur Vorbereitung einer reibungslosen Integration zu ergreifen wie z. B. das Gestalten von Arbeitsverträgen für die Neueinstellung oder die Kommunikation und Verständigung mit den Gewerkschaften.

Der Nachteil einer Mitarbeiter Due Diligence ist der Kostenfaktor.[369] Es fallen für jede Analyse der Informationen Kosten an. Je mehr Daten analysiert werden müssen, um so höher sind die Kosten. Ob sich eine Mitarbeiter Due Diligence lohnt, ist abhängig von ihrem monetären Nutzen. So werden durch die Analyse Kosten, die durch Ausscheiden von Mitarbeitern entstehen, Kosten durch Neubesetzung, durch Schulung oder zur Ausgleichung von Produktionsverlusten bekannt. Inwieweit der zeitliche Vorsprung jedoch monetäre Vorteile erzielen kann, ist vom Einzelfall abhängig.[370] Schwierig gestaltet es sich, den monetären

---

369 Berens/Brauner/Strauch-*Berens/Schmitting/Strauch*, S. 89 ff.
370 Vgl. Berens/Brauner/Strauch-*Aldering/Högemann*, S. 518 f.

Vorteil für kulturelle Informationen zu bestimmen. So kann eine Information wie „schlechte Beziehungen zwischen Management und Belegschaft" selten finanziell beziffert werden. Trotzdem ist eine solche Information für die Integration von besonderer Bedeutung, um ab Unternehmenskauf diese Beziehungen zu verbessern.

F. Fazit

Um einen erfolgreichen Unternehmenskauf zu verwirklichen ist eine geplante Post Merger Integration notwendig. Besonders die kulturellen und personellen Aspekte sind dabei zu beachten. Es gilt, dass es für die Integration von Vorteil ist, wenn Kultur und Personal beider Unternehmen sich ähnlich sind. Besonders deshalb müssen im Integrationsplan die kulturellen und personellen Aspekte enthalten sein.

Grundsätzlich ist der Erwerber frei bei der Entscheidung, welche Gesellschaftsform und welchen Organisationsaufbau er für das erworbene Unternehmen wählt. Nach seiner Entscheidung muss lediglich beachtet werden, dass die jeweiligen rechtlichen Vorgaben für die gewählte Form eingehalten und genutzt werden. Dabei stellen besonders die Arbeitnehmerbeteiligungsrechte für die in der Integrationsphase wichtige Kommunikation eine Möglichkeit dar, mit den Arbeitnehmern in Kontakt zu treten und den gesamten Integrationsprozess gemeinsam zu vollziehen.

Im Bereich der Unternehmensphilosophie stehen dem Erwerber ebenfalls viele Möglichkeiten offen. Besonderer Beachtung bedarf es, wenn beim Kauf eine in einer Betriebsvereinbarung festgelegte Unternehmensphilosophie besteht. In diesem Fall muss der Arbeitgeber sich mit den Arbeitnehmervertretern abstimmen oder die Betriebsvereinbarung kündigen. Für die erfolgreiche Integration ist dann besonders die Kommunikation der neuen Philosophie gegenüber den Arbeitnehmern wichtig.

Auf der Seite der personellen Integration hingegen sind die Freiheiten beschränkt. Bei Integrationsfragen bezüglich des Vorstands oder der Geschäftsführung müssen die Möglichkeiten zur Abbestellung oder einer einvernehmlichen Lösung betrachtet werden. Bei den Arbeitnehmern sind die Möglichkeiten zur freien Integration noch geringer, weil § 613a Abs. 1 BGB den Erwerber verpflichtet alle Arbeitnehmer zu übernehmen. Zusätzlich müssen alle Änderungen, die den Organisationsaufbau oder personelle Einzelmaßnahmen wie Kündigung oder Versetzung betreffen und somit Mitbestimmungsrechte der Arbeitnehmer ergeben, in den Integrationsplan aufgenommen werden.

Um ausreichende Informationen für einen zuverlässigen Integrationsplan zu haben ist die Mitarbeiter Due Diligence ein geeignetes Mittel. Die Detailtreue der Due Diligence ist jedoch abhängig von Kosten und Nutzen, die von ihr erwartet werden. Trotz der hohen Kosten für die Informationsbeschaffung erscheint die Ausarbeitung eines kulturellen und personellen Integrationsplans wegen der rechtlichen und wirtschaftlichen Vielfältigkeit als sinnvoll um einen Unternehmenskauf nachhaltig positiv zu beeinflussen.